FÜR MÄNNER

Das Kochbuch für echte Kerle

Inhalt

Einleitung	**4**
Für jeden Tag	**8**
Deftiges & Klassiker	**52**
Für besondere Anlässe	**90**
Rezeptverzeichnis	**126**

Einleitung

Sie stehen auf deftige Hausmannskost genauso wie auf Spaghetti, Curry & Co.? Und wollen diese nicht nur essen, sondern auch selber kochen? Dann halten Sie genau das richtige Buch in den Händen! Von einfachen und schnellen Gerichten für jeden Tag über herzhafte Klassiker bis zu schicken Rezepten, die Eindruck machen und trotzdem gelingsicher sind, haben wir hier alles, was Männerherzen und -bäuche höher schlagen lässt, zusammengetragen.

Da bekanntlich jedoch noch kein Meister vom Himmel gefallen ist, möchten wir Ihnen einige Grundbegriffe erklären und hilfreiche Tipps und Tricks verraten, damit auf dem Weg vom Einkaufskorb bis zum Teller auch wirklich nichts schiefgeht.

Außerdem noch ein Wort zu den Portionsangaben: Die in diesem Buch aufgeführten Portionsangaben sind durchschnittliche Angaben; je nach Anlass und Größe des Hungers reichen die Portionen für 2 – 4 Personen.

Viel Vergnügen!

GARMETHODEN & ARBEITSTECHNIKEN

Ablöschen
Scharf angebratenes Fleisch, aber auch Gemüse wird mit Flüssigkeit (z. B. Brühe oder Wein) abgelöscht, um den Bratensatz zu lösen und mit ihm eine Sauce zu machen.

Abschrecken
Gemüse wird nach dem Blanchieren mit kaltem Wasser übergossen oder in Eiswasser gegeben, um den Garprozess zu stoppen und Farbe und Nährstoffe zu erhalten.

Abseihen
In Flüssigkeit gekochte Lebensmittel (meist Gemüse, Kartoffeln oder Nudeln) werden über einem Sieb abgeseiht, um sie vom Kochsud zu trennen.

Blanchieren
Als Blanchieren bezeichnet man einen kurzen Garprozess in siedendem Wasser. Dazu werden die Zutaten in siedendes Salzwasser gegeben, nach kurzem Aufwallen mit dem Schaumlöffel herausgenommen und sofort unter fließendem kalten Wasser gekühlt. Vor allem geeignet für Gemüse mit kurzer Garzeit (Spinat, Brokkoli, feine Bohnen).

Braten
Kleine und flache Lebensmittel wie Frikadellen, Fleischscheiben, Gemüse und Würste brät man am besten in einer Pfanne auf dem Herd (Kurzbraten). Im Backofen wird vornehmlich großes Gargut wie Braten, ganze Fische oder Geflügel gebraten, und zwar bei Temperaturen zwischen 160 und 250 °C.

Dämpfen
Beim Dämpfen, auch Dampfgaren genannt, werden die Nahrungsmittel in einem Wasserdampf-Luft-Gemisch bei Temperaturen um die 100 °C gegart. Bei dieser sanften Zubereitungsart gehen kaum Mineralstoffe und Vitamine verloren. Mit Ausnahme von Hülsenfrüchten, Weiß-, Rot- und Grünkohl sowie Spargel können Sie alle Nahrungsmittel dämpfen. Dämpfen kann man im normalen Kochtopf mit Siebeinsatz, im Dampfkorb, im Dampfkochtopf oder im speziellen Dampfbackofen.

Dünsten
Unter Dünsten versteht man das Garen von Lebensmitteln im eigenen Saft unter Zugabe von etwas Fett und Flüssigkeit. Gedünstet wird im geschlossenen Topf oder in Alufolie bei einer Temperatur von 100 °C. Besonders ideal für wasserreiche Lebensmittel wie Gemüse, Fisch, Fleisch und Obst.

Frittieren
Hierunter versteht man das Ausbacken in reichlich Fett bei Temperaturen von 180–200 °C. Das geht in einem einfachen Topf oder in einer Fritteuse. Zum Frittieren eignen sich alle panierten und in Backteig gehüllten Fleisch-, Geflügel- und Fischstücke sowie Kartoffeln, Gemüse und Schmalz-

gebäck. Als Fett bieten sich Palmöl, Kokosfett oder raffiniertes Olivenöl an.

Garen mit Niedrig-Temperatur
Diese Methode wird vor allem von Koch-Profis genutzt und ist ein Garant für superzartes Fleisch. Das Fleisch wird meist kurz und kräftig angebraten, damit es wenig Saft verliert, und dann bei 80–100 °C im Ofen über mehrere Stunden gegart.

Gratinieren
So nennt man das Überbacken von Gerichten, bis sie goldbraun sind oder eine leichte Kruste haben. Zum Gratinieren im Backofen oder unter dem Grill eignen sich fast alle Lebensmittel.

Grillen
Beim Grillen gart das Gargut durch starke Strahlungshitze. Zum Grillen eignen sich vor allem Fleisch, Fisch und Geflügel, aber auch Gemüse und Obst. Man kann über Holzkohle, im Kontaktgrill, im Grillgerät oder im Backofengrill grillen.

Kochen (Sieden)
Kochen ist das Garen von Nahrungsmitteln in reichlich Flüssigkeit bei Temperaturen um den Siedepunkt (100 °C).

Marinieren
Hierbei werden Nahrungsmittel – meist Fleisch, Geflügel, Fisch oder Gemüse – für einige Stunden oder mehrere Tage in eine aromatische Sauce aus Öl, Wein oder Essig sowie Kräutern und Gewürzen eingelegt, um ihren Geschmack zu intensivieren und sie zarter zu machen.

Passieren
Beim Passieren werden Flüssigkeiten oder verschiedene Massen durch ein Sieb gestrichen, um sie von festen Bestandteilen zu befreien, z. B. Früchte, Konfitüren oder Saucen.

Pochieren oder Garziehen
Pochieren oder auch Garziehen nennt man das Garen in Flüssigkeit bei Temperaturen unterhalb des Siedepunktes. Diese Garmethode eignet sich vor allem für zartes Fleisch, Fisch, Geflügel, Obst, Knödel und Eier.

Pfannenrühren
Bei dieser schnellen und schonenden Garmethode werden die klein geschnittenen Zutaten unter ständigem Rühren oder Schwenken mit wenig Fett im Wok oder in einer hohen Pfanne schnell gebraten.

Pürieren
Zermusen von zumeist gekochten Lebensmitteln mithilfe eines Pürierstabs, aber auch mit Sieben, Stampfern etc. Der große Klassiker ist das Kartoffelpüree – das darf allerdings nur gestampft und nicht püriert werden, sonst wird es zäh!

Reduzieren
Beim Reduzieren werden Flüssigkeiten wie Fonds, Bratensaft, Saucen oder Sahne stark eingekocht, um sie dickflüssiger zu machen und den Geschmack zu intensivieren.

Rösten
Lebensmittel wie Kaffeebohnen, Nüsse, Mandeln oder Kastanien werden geröstet, um sie noch aromatischer zu machen. Das Rösten erfolgt im Ofen oder in der Pfanne und immer ohne Zugabe von Fett oder Flüssigkeit.

Schmoren
Dafür werden Fleisch- oder Gemüsegerichte zuerst angebraten und dann im geschlossenen Topf unter Zugabe von wenig Flüssigkeit auf niedriger Herdstufe bei ca. 100 °C gegart. Wichtig beim Schmoren: Der Topfboden muss ständig mit Flüssigkeit bedeckt sein und der Deckel fest auf dem Topf liegen.

Wasserbad
Ein Wasserbad dient zum Erwärmen, Schmelzen und Garen von empfindlichen Speisen in einem offenen oder geschlossenen Gefäß, das in heißem oder siedendem Wasser hängt. Im Wasserbad schlägt man Eierstich, Eiercremes, Schokolade und Saucen. Dafür erhitzt man in einem großen Topf das Wasser auf etwa 80 °C. In das Wasserbad stellt man nun eine Schüssel mit der Creme, die ständig gerührt werden muss.

TIPPS & TRICKS

Obst und Gemüse putzen, waschen und schälen
- Lebensmittel möglichst im Ganzen waschen, damit wenig Nährstoffe verloren gehen.
- Gründlich, am besten mit kaltem Wasser, aber möglichst kurz waschen.
- Verdorbene, welke oder harte Pflanzenteile entfernen.
- Ungenießbare oder harte Schalen entfernen, so wenig wie möglich abschälen, da direkt unter der Schale die besten Inhaltsstoffe liegen.
- Geschälte Lebensmittel, vor allem Obst, am besten direkt weiterverarbeiten, Luftsauerstoff bewirkt Verfärbungen und Vitaminverlust. Alternative: Mit Zitronensaft beträufeln und mit Frischhaltefolie abgedeckt im Kühlschrank aufbewahren.
- Pilze am besten nur putzen und nicht oder nur kurz waschen, damit sie sich nicht mit Wasser vollsaugen.

Tomaten häuten
- Die Haut an der Oberseite kreuzweise einschneiden.
- Tomaten für ca. 10 Sekunden in kochendes Wasser legen, dann herausnehmen und mit eiskaltem Wasser abschrecken.
- Die Haut mit einem Gemüsemesser abziehen, den Strunk herausschneiden.

Pasta al dente kochen
- 1 l Wasser pro 100 g Nudeln in einem großen Topf zum Kochen bringen; der Topf soll dabei nur zu ¾ gefüllt sein (geben Sie kein Öl ins Kochwasser, sonst rutscht später die Sauce von der Pasta). Die Nudeln in das kochende Wasser geben und gut umrühren, damit nichts am Boden kleben bleibt. Erst jetzt salzen, dann kocht das Wasser schneller wieder. Das ist wichtig, denn die Pasta soll kochen und nicht quellen.
- Damit die Nudeln nicht verkochen, bereits nach ¾ der empfohlenen Garzeit eine Nudel probieren. Ist sie noch zu fest und mehlig, nach 1 Minute erneut versuchen. Und so weiter, bis die Nudel zwar samtig ist, aber noch Biss hat („al dente" ist).
- Behalten Sie beim Abgießen immer etwas von dem Nudelwasser zurück; oft macht es die Sauce noch etwas geschmeidiger und sorgt durch die Stärke dafür, dass die Sauce gut an den Nudeln haftet. Und bedenken Sie, dass die Pasta nach dem Abgießen noch leicht weitergart. Daher am besten sofort mit der Sauce mischen und servieren. Mit kaltem Wasser sollte man Pasta nur abschrecken, wenn diese danach zu einem Salat weiterverarbeitet wird.

Lagern
- Frische Knoblauchzehen können lange aufbewahrt werden, wenn man sie in neutrales Öl einlegt und im Kühlschrank lagert. Nach einiger Zeit nimmt das Öl das Aroma an und kann zum Würzen verwendet werden.
- Rohes Fleisch verträgt es nicht, auf einem Holzbrett gelagert zu werden: Das Holz zieht den Saft aus dem Fleisch, und dieses trocknet aus.
- Frischer Ingwer kann monatelang aufbewahrt werden, wenn man ihn schält und in trockenen Sherry einlegt.
- Petersilie bleibt am längsten frisch, wenn sie fest in Alufolie eingewickelt und im Kühlschrank gelagert wird.

Sicherheit in der Küche
- Ein feuchtes Tuch oder Küchenpapier unter dem Schneidebrett verhindert ein Verrutschen.
- Messer nicht kreuz und quer mit anderem Küchengerät in einer Schublade lagern, sondern flach und gut sichtbar in einer aufgeräumten Schublade. Am sichersten ist ein Messerblock.
- Griffe von Töpfen und Pfannen sollten nicht über den Herd hinausstehen; zu leicht kann man daran hängenbleiben und sich verbrühen.

Sicherer Umgang mit Lebensmitteln
- Besonders roher Fisch, rohes Fleisch und Milchprodukte sind anfällig für Bakterien, aber auch gegarte Speisen aller Art und vor allem Stärkehaltiges wie Reis, Pasta und Bohnen. Die in der Luft befindlichen Bakterien lassen sich am einfachsten abhalten, indem man die Speisen zudeckt.
- Bakterien benötigen zur Vermehrung Wärme; vor allem Fisch und Fleisch also immer möglichst kühl lagern.

Dies und das

- Um Oliven zu entsteinen, legt man sie auf die Arbeitsplatte und rollt mit dem Nudelholz mehrmals darüber. Dann lassen sich die Steine viel leichter herausholen.
- Hart und trocken gewordenes Brot muss man nicht wegwerfen. Wird es mit einem feuchten Tuch umwickelt und nach einiger Zeit für 30 Minuten in den Backofen gegeben, wird es wieder weich und frisch.
- Fleisch sollte man während des Garens nicht mit Messer oder Gabel anstechen. Sonst läuft Fleischsaft aus und das Fleisch wird trocken.
- Panierte Fische sowie Fleischstücke sollten sofort in die Pfanne, weil die Panade sonst aufweicht. Den Fisch bzw. das Fleisch also erst in Mehl, Eiern und Semmelbröseln wenden, wenn das Fett schon in der Pfanne brutzelt.
- Lauch ist oft stark durch Sand und Erde verschmutzt. Schneiden Sie die ganze Stange vom grünen Ende her längs ein, aber nicht ganz durch. Dann gründlich unter fließendem Wasser spülen.
- Ganze Gewürze wie Nelken, Pfefferkörner und Lorbeerblätter, die nicht mitgegessen werden sollen, lassen sich gut in einem Teenetz oder einem Stoffsäckchen mitkochen. So erspart man sich anschließend das Herausfischen der einzelnen Gewürze.
- Den Belag für die Pizza sollten Sie erst unmittelbar vor dem Backen auf dem Teig verteilen, damit dieser nicht durchweicht.
- Größere Mengen von Frikadellen in der Pfanne zu braten, ist sehr zeit- und geruchsintensiv. Besser gehts im Ofen. Die Frikadellen auf ein gefettetes Backblech legen und bei 200 °C garen.
- Fleisch sollte man immer erst kurz vor seiner Verarbeitung salzen, da das Salz es sonst austrocknet. Klein geschnittene Fleischstücke wie z. B. Gulasch erst nach der Hälfte der Garzeit salzen.
- Blattsalate sollten nicht mehr nass sein, wenn sie mit dem Dressing in Berührung kommen, da dieses sonst fad und wässrig wird und sich nicht so gut um die Blätter legen kann. Daher sollten Sie Blattsalate immer mit einer Salatschleuder oder in einem Küchentuch trocknen. Dazu den Salat in das Küchentuch geben und dieses schwenken.
- Unangenehmen Fischgeruch an Händen und Arbeitsgeräten können Sie vermeiden, indem Sie die Hände vorher anfeuchten, Arbeitsgeräte zuerst mit Papier abreiben, dann kalt abspülen und dann erst mit Spülmittel und heißem Wasser reinigen.
- Blattsalate bleiben länger frisch, wenn sie in Küchenpapier eingewickelt und in einem Plastikbeutel oder einer luftdichten Dose im Gemüsefach aufbewahrt werden.
- Wenn man Fleisch vor dem Grillen mit ein wenig Öl bepinselt, bleibt es saftiger, da das Öl sofort die Poren verschließt und keinen Saft nach außen treten

lässt. Je nach Ölsorte kann dieses auch als Würze dienen.
- Am besten schmeckt Pfeffer frisch gemahlen. Die Anschaffung einer kleinen Pfeffermühle lohnt sich!
- Abgepackten geriebenen Käse möglichst nur im Notfall benutzen – frisch gerieben schmeckt Käse viel aromatischer!
- Gegartes Fleisch sollte man vor dem Anschneiden 10 Minuten ruhen lassen. Sonst tritt zu viel Bratensaft aus und das Fleischstück verliert an Saftigkeit.
- Salatsauce lässt sich gut auf Vorrat vorbereiten. In einem Glas mit Schraubverschluss hält sie sich im Kühlschrank bis zu 1 Woche.
- Ist eine Speise zu scharf geraten, kann man die Schärfe durch Zugabe von etwas Sahne, Joghurt oder Kokosmilch (bei asiatischen Gerichten) abmildern oder eine Kartoffel mitkochen bzw. hineinreiben.

Für jeden Tag

Rührei mit Räucherlachs

Zubereitungszeit ca. 15 Minuten
Aufwand gering | pro Portion ca. 282 kcal/1181 kJ, 7 g E, 11 g F, 33 g KH

FÜR 4 PORTIONEN

8 Eier
2 El Sojasauce
Salz
Cayennepfeffer
2 El frisch gehackter Dill
3 Frühlingszwiebeln
200 g geräucherter Lachs
3 El Öl
Korianderblättchen
   zum Garnieren

1 Die Eier mit der Sojasauce, etwas Salz, Cayennepfeffer und dem frisch gehackten Dill verquirlen. Die Frühlingszwiebeln putzen, waschen, trocknen und in Ringe schneiden. Den geräucherten Lachs in Streifen schneiden.

2 Das Öl in einer Pfanne erhitzen und die Frühlingszwiebeln darin andünsten. Die verquirlten Eier und die Lachsstreifen hinzufügen und alles garen, bis die Eimasse zu stocken beginnt und fest wird.

3 Das Rührei mit Korianderblättchen garniert servieren. Dazu frisches Vollkornbrot mit Butter reichen.

Geht ganz schnell

TIPP!!

Das Brot vorher anrösten, mit Affenfett bestreichen und mit Essiggurken servieren.

Affenfett

Zubereitungszeit ca. 20 Minuten
Aufwand gering | pro Portion ca. 166 kcal/700 kJ, 12 g E, 10 g F, 8 g KH

FÜR 4 PORTIONEN

100 g Bauchspeck
2 Zwiebeln
440 ml Milch
2 Eier
1 El Majoran
1 El Mehl
Salz
Pfeffer

1 Den Speck würfeln. Die Zwiebeln schälen und fein würfeln. Den Speck in einer heißen Pfanne auslassen und die Zwiebeln darin glasig andünsten.

2 Milch, Eier, Majoran und Mehl verquirlen, mit Salz und Pfeffer würzen. Die Mischung in die Speckpfanne rühren. Die Masse in der Pfanne kurz stocken lassen und nochmals durchrühren, damit sie nicht zu fest wird. Das Affenfett noch lauwarm mit Bauernbrot servieren.

FÜR JEDEN TAG

Pfeffergurkenfrühstück

Zubereitungszeit ca. 30 Minuten | plus Ziehzeit ca. 30 Minuten | fertig in ca. 1 Stunde
Aufwand mittel | pro Portion ca. 432 kcal/1808 kJ, 22 g E, 36 g F, 6 g KH

FÜR 4 PORTIONEN

8 große Gewürzgurken
Pfeffer
200 g Schinkenwurst
200 g Rettich
3 Eier
300 g Camembert
6 El Mayonnaise
Salz
1 Schuss Essig

1. Die Gurken längs halbieren, aushöhlen, Kerne dabei ausschaben und die Gurken von allen Seiten mit Pfeffer bestreuen. Das Gurkeninnere aufbewahren.

2. Die Schinkenwurst ganz klein schneiden, den Rettich putzen und klein würfeln. Die Eier hart kochen und würfeln. Das Gurkeninnere klein hacken. Den Camembert in Würfel schneiden.

3. Das Innere der Gurken mit der Wurst, den Eiern, dem Rettich sowie Mayonnaise, Pfeffer, Salz und etwas Essig zu einer kräftigen Füllmasse verarbeiten. Zum Schluss den Camembert untermischen.

4. Die Füllung ca. 30 Minuten durchziehen lassen, dann in die Gewürzgurkenhälften füllen und diese servieren. Dazu passt frisches Brot.

schmeckt auch abends...

TIPP!!

Als Hauptgericht servieren Sie Salzkartoffeln und gedünsteten Blattspinat zu den Eiern.

Eier in Senfsauce

Zubereitungszeit ca. 35 Minuten
Aufwand gering | pro Portion ca. 463 kcal/1943 kJ, 18 g E, 40 g F, 8 g KH

FÜR 4 PORTIONEN

8 Eier
2 Zwiebeln
5 El Butter
3 El Mehl
250 ml Gemüsebrühe
200 ml Sahne
2 El kräftiger Senf
Salz
Pfeffer
2 El frisch gehackte Petersilie

1 Die Eier hart kochen und abschrecken. Die Zwiebeln schälen und fein hacken. Die Butter in einem Topf erhitzen und die Zwiebeln darin andünsten. Das Mehl einrühren und anschwitzen. Den Topf mit Brühe und Sahne auffüllen. Alles aufkochen lassen und unter Rühren zu einer Sauce andicken.

2 Den Senf in die Sauce rühren und mit Salz und Pfeffer abschmecken. Die Eier schälen und halbieren, in die Sauce geben und einige Minuten ziehen lassen.

3 Die Eier in Senfsauce mit Petersilie bestreut servieren. Gut passt ein grüner Salat dazu.

FÜR JEDEN TAG

Bauernfrühstück

Zubereitungszeit ca. 30 Minuten | plus Garzeit ca. 20 Minuten | fertig in ca. 50 Minuten
Aufwand mittel | pro Portion ca. 302 kcal/1268 kJ, 14 g E, 13 g F, 29 g KH

FÜR 4 PORTIONEN

- 750 g Kartoffeln
- 2 El Butter
- 30 g Bauchspeck
- Salz
- Pfeffer
- 1 Zwiebel
- 125 g gekochter oder roher Schinken
- 4 Eier
- 1 Eigelb
- 2 El Milch
- 1 El frisch gehackter Schnittlauch
- 4 Gewürzgurken

1 Die Kartoffeln gut abbürsten und in Wasser in etwa 20 Minuten garen. Dann abgießen und leicht abkühlen lassen. Die Kartoffeln pellen und in Scheiben schneiden.

2 Die Butter in einer Pfanne schmelzen. Den Speck würfeln und in der Butter auslassen. Die Kartoffelscheiben im Fett unter mehrmaligem Wenden goldbraun braten, dann mit Salz und Pfeffer würzen.

3 Die Zwiebel schälen und würfeln und mit den Kartoffeln schmoren. Den Schinken würfeln und unter die Kartoffeln mischen.

4 Die Eier und das Eigelb mit der Milch verquirlen, würzen und über die Kartoffeln geben. Bei milder Hitze stocken lassen. Mit Schnittlauch bestreuen und mit je 1 Gewürzgurke servieren.

TIPP!!

Kartoffeln möglichst immer mit der Schale kochen, denn das verhindert das Ausschwemmen wertvoller Inhaltsstoffe. Dann sehr dünn schälen, da die wertvollsten Nährstoffe direkt unter der Schale sitzen.

TIPP!!

Für einen amerikanischen Hot Dog lassen Sie den Käse weg.

Hot Dogs

Zubereitungszeit ca. 30 Minuten
Aufwand mittel | pro Portion ca. 209 kcal/876 kJ, 10 g E, 7 g F, 26 g KH

FÜR 4 PORTIONEN

100 g Mixed Pickles
½ rote Zwiebel
1 Tomate
½ Bund Kerbel
4 Hot-Dog-Würstchen oder Wiener Würstchen
4 Hot-Dog-Brötchen
8 Scheiben Käse
Ketchup und Senf nach Belieben

1 Die Mixed Pickles abtropfen lassen und klein hacken. Die Zwiebel schälen und fein würfeln. Die Tomate waschen, vom Stielansatz befreien und in Würfel schneiden. Kerbel waschen, trocken schütteln und hacken. Alles mit den Mixed Pickles mischen.

2 Die Hot Dogs grillen oder in heißem Wasser erwärmen. Die Brötchen längs einschneiden. Pro Brötchen 1 Hot Dog und 2 Scheiben Käse darauflegen und unter dem Grill schmelzen lassen.

3 Anschließend die Pickles-Mischung über dem Käse verteilen, das Sandwich zusammenklappen und die Hot Dogs mit Ketchup und Senf servieren.

Chicken Wings mit Käsedip

Zubereitungszeit ca. 20 Minuten | plus Ziehzeit ca. 1 Stunde | plus Grillzeit ca. 20 Minuten | fertig in ca. 1 Stunde 40 Minuten
Aufwand mittel | pro Portion ca. 828 kcal/3475 kJ, 49 g E, 69 g F, 4 g KH

FÜR 4 PORTIONEN

- 1 kg Hähnchenflügel
- 3 El Butter
- 1 Tl Paprikapulver
- je 1 El Tabasco und Zitronensaft
- 1 Knoblauchzehe
- 100 g Blauschimmelkäse
- 50 g Crème fraîche
- 50 g Mayonnaise
- 150 g Naturjoghurt
- 1 El Zitronensaft
- Pfeffer
- Zucker

1 Die Hähnchenflügel waschen, trocken tupfen und am Gelenk durchschneiden. Für die Marinade die Butter schmelzen und mit Paprikapulver, Tabasco und Zitronensaft mischen.

2 Alles in einer Schüssel mit den Hähnchenflügeln mischen und mindestens 1 Stunde ziehen lassen. Dann die Chicken Wings auf den Grill legen und unter gelegentlichem Wenden schön knusprig grillen; das dauert ungefähr 20 Minuten.

3 Für den Dip den Knoblauch schälen und fein hacken. Den Käse mit einer Gabel zerdrücken und mit den restlichen Zutaten verrühren. Mit Pfeffer und 1 Prise Zucker abschmecken. Hähnchenflügel mit Dip servieren.

Speckpfannkuchen mit Feldsalat

Zubereitungszeit ca. 40 Minuten
Aufwand mittel | pro Portion ca. 522 kcal/2192 kJ, 33 g E, 25 g F, 39 g KH

FÜR 4 PORTIONEN

8 Eier
200 g Mehl
200 ml Milch
Mineralwasser
Salz
Pfeffer
250 g durchwachsener Speck
4 El Butterschmalz
1 ½ Tl Senf
3 El Weißweinessig
4–5 El Sonnenblumenöl
1 Prise Zucker
200 g Feldsalat

1 Die Eier trennen. Die Eigelbe mit dem Mehl und der Milch vermischen und so viel Mineralwasser zugeben, dass ein flüssiger Teig entsteht. Die Eiweiße zu steifem Schnee schlagen und portionsweise mit dem Teig mischen. Mit Salz und Pfeffer würzen.

2 Den Speck in feine Würfel schneiden und in der Pfanne auslassen. 1 El Speck und das Fett aufheben, die restlichen Speckwürfel unter den Teig mischen. In einer Pfanne nacheinander je 1 El Butterschmalz erhitzen und insgesamt 4 Pfannkuchen backen und im Ofen bei ca. 60 °C warm stellen.

3 Senf, Essig, Salz, Pfeffer, Speckfett, Sonnenblumenöl und Zucker zu einem Dressing verrühren. Den Feldsalat verlesen, waschen und trocken schütteln. In eine Schüssel geben und das Dressing darüberträufeln. Den restlichen Speck über den Salat streuen. Die Speckpfannkuchen mit Feldsalat servieren.

TIPP!!

Feldsalat ist meist recht sandig und muss daher besonders sorgfältig gewaschen werden.

FÜR JEDEN TAG

Reibekuchen

Zubereitungszeit ca. 35 Minuten
Aufwand gering | pro Portion ca. 243 kcal/1014 kJ, 7 g E, 7 g F, 38 g KH

FÜR 4 PORTIONEN

1 kg Kartoffeln
2 Zwiebeln
2 Eier
Salz
Pfeffer
4–5 El Öl zum Ausbacken

1 Die Kartoffeln waschen, schälen und roh in eine Schüssel reiben. Die Zwiebeln schälen und zu den Kartoffeln reiben. Die Eier zu der Kartoffel-Zwiebel-Masse geben und alles zu einem glatten Teig vermengen. Mit Salz und Pfeffer abschmecken.

2 Das Öl in einer beschichteten Pfanne erhitzen, vom Teig jeweils etwa 1–2 El hineingeben und nacheinander kleine Kartoffelreibekuchen backen.

3 Die Reibekuchen nach Geschmack mit Apfelmus, Preiselbeeren oder Räucherlachs servieren.

Gebackene Tomaten mit Schafskäse

Zubereitungszeit ca. 15 Minuten | plus Backzeit ca. 20 Minuten | fertig in ca. 35 Minuten
Aufwand gering | pro Portion ca. 322 kcal/1348 kJ, 19 g E, 24 g F, 6 g KH

FÜR 4 PORTIONEN

750 g Tomaten
1 Knoblauchzehe
5 El Olivenöl
Salz
Pfeffer
2 El Kapern (aus dem Glas)
400 g Schafskäse
1 El frische Thymianblättchen

1 Die Tomaten waschen, vom Stielansatz befreien und in Scheiben schneiden. Die Knoblauchzehe schälen und hacken. Den Backofen auf 200 °C (Umluft 180 °C) vorheizen.

2 Eine mit 2 El Olivenöl gefettete Auflaufform mit den Tomatenscheiben auslegen, mit Salz und Pfeffer würzen, mit den abgetropften Kapern und der gehackten Knoblauchzehe bestreuen.

3 Den Schafskäse in Scheiben schneiden und auf der Tomatenmischung verteilen. Alles mit dem restlichen Olivenöl beträufeln und mit den Thymianblättchen bestreuen. Im Ofen etwa 20 Minuten backen.

TIPP!!

Statt Schafskäse können Sie auch Ziegenkäse nehmen. Oder Sie ersetzen die Hälfte der Tomaten durch in Streifen geschnittene Paprikaschoten.

FÜR JEDEN TAG

Fleischkäse mit Spiegelei und Bratkartoffeln

Zubereitungszeit ca. 30 Minuten | plus Garzeit ca. 20 Minuten | fertig in ca. 50 Minuten
Aufwand mittel | pro Portion ca. 781 kcal/3264 kJ, 26 g E, 61 g F, 30 g KH

FÜR 4 PORTIONEN

750 g Kartoffeln
Salz
Pfeffer
5 El Butterschmalz
4 Scheiben Fleischkäse
2 El Butter
4 Eier
2 Gewürzgurken

1 Die Kartoffeln am besten am Vortag waschen und in kochendem Salzwasser in der Schale etwa 20 Minuten garen. Anschließend abgießen, abtropfen und abkühlen lassen.

2 Am nächsten Tag die gekochten Kartoffeln schälen und in Würfel schneiden. 3 El Butterschmalz in einer Pfanne erhitzen und die Kartoffelwürfel darin von allen Seiten knusprig braten, sofort salzen. Am Ende mit Pfeffer abschmecken.

3 In der Zwischenzeit das restliche Butterschmalz in einer weiteren Pfanne erhitzen und die Fleischkäsescheiben darin von beiden Seiten goldbraun backen. Aus der Pfanne nehmen und bei 60 °C im Ofen warm stellen.

4 Die Butter in der Pfanne schmelzen und aus den Eiern nacheinander Spiegeleier braten. Mit Salz und Pfeffer würzen. Jede Fleischkäsescheibe mit 1 Spiegelei belegen und mit den Bratkartoffeln und Gewürzgurkenscheiben servieren.

TIPP!!

Die Kartoffeln können auch am selben Tag gekocht werden, sie sollten aber auf jeden Fall abgekühlt sein vor dem Braten.

FÜR JEDEN TAG

Strammer Max

Zubereitungszeit ca. 20 Minuten
Aufwand gering | pro Portion ca. 350 kcal/1470 kJ, 16 g E, 21 g F, 21 g KH

FÜR 4 PORTIONEN

4 Scheiben Bauernbrot
40 g Butter
4 Scheiben gekochter Schinken
2 El Öl
4 Eier
Salz
Pfeffer
½ Bund Schnittlauch
2 Gewürzgurken

1 Die Brotscheiben mit Butter bestreichen und mit gekochtem Schinken belegen.

2 Das Öl in einer Pfanne erhitzen und nacheinander 4 Spiegeleier braten. Mit Salz und Pfeffer würzen. Die Spiegeleier heiß auf die Schinkenscheiben legen.

3 Den Schnittlauch waschen, trocken schütteln und in Röllchen schneiden. Die Gewürzgurken in Scheiben oder fächerförmig schneiden. Den Strammen Max mit Schnittlauchröllchen und Gewürzgurken garnieren und sofort servieren.

TIPP!!

Zur Abwechslung kann der Stramme Max auch noch zusätzlich mit je 1 Scheibe Käse unter dem Spiegelei belegt werden.

Wurstsalat

Zubereitungszeit ca. 20 Minuten | plus Ziehzeit ca. 20 Minuten | fertig in ca. 40 Minuten
Aufwand gering | pro Portion ca. 667 kcal/2791 kJ, 19 g E, 64 g F, 4 g KH

FÜR 4 PORTIONEN

- 750 g Fleischwurst
- 2 Zwiebeln
- 1 Gewürzgurke
- 1 Apfel
- 3 El Essig
- 4 El Sonnenblumenöl
- Salz
- Pfeffer
- ½ Bund glatte Petersilie

1 Die Fleischwurst in Scheiben und dann in Streifen schneiden. Die Zwiebeln schälen und in Ringe, die Gurke in feine Stifte schneiden. Den Apfel schälen, vierteln, das Kerngehäuse entfernen und das Fruchtfleisch in feine Würfel schneiden.

2 Alle Zutaten in eine Schüssel geben. Aus Essig, Öl, Salz und Pfeffer ein Dressing bereiten und über die Salatzutaten geben. Alles gut mischen und 20 Minuten ziehen lassen. Petersilie waschen, trocken tupfen, die Blätter von den Stielen zupfen und fein hacken. Den Salat mit Petersilie bestreut servieren.

FÜR JEDEN TAG

Frittata mit Gemüse

Zubereitungszeit ca. 30 Minuten
Aufwand gering | pro Portion ca. 185 kcal/773 kJ, 11 g E, 12 g F, 5 g KH

FÜR 4 PORTIONEN

200 g Möhren
400 g Zucchini
3 Schalotten
1 Knoblauchzehe
1 El Rosmarinnadeln
4 Eier
3 El Sahne
2 El frisch geriebener Parmesan
Salz
Pfeffer
2 El Olivenöl

1 Die Möhren putzen und schälen, die Zucchini putzen, waschen, trocknen, die Schalotten schälen und alles grob reiben. Mit der geschälten und zerdrückten Knoblauchzehe in einer Schüssel mischen.

2 Die Rosmarinnadeln waschen, trocknen, hacken und unterheben. Die Eier mit der Sahne und dem Parmesan verrühren und mit Salz und Pfeffer würzen. Ebenfalls zum Gemüse geben.

3 Das Öl in einer Pfanne erhitzen. Aus dem Gemüseteig runde Fladen formen und im heißen Öl von beiden Seiten knusprig braten. Aus der Pfanne nehmen und auf Küchenpapier abtropfen lassen. Sofort servieren.

Fast wie Pizza

Thunfischtoast

Zubereitungszeit ca. 25 Minuten
Aufwand gering | pro Portion ca. 353 kcal/1403 kJ, 14 g E, 27 g F, 14 g KH

FÜR 4 PORTIONEN

- 4 Scheiben Toastbrot
- 2 El Butter
- 1 Dose Thunfisch Natur (Abtropfgewicht 150 g)
- 3 Tomaten
- 4 Scheiben Käse
- 2 Stängel Petersilie zum Garnieren

1 Den Backofen auf 225 °C (Umluft 200° C) vorheizen. Das Toastbrot im Toaster rösten und dann etwas abkühlen lassen. Die Scheiben mit Butter bestreichen. Die Toastscheiben auf ein mit Backpapier ausgelegtes Backblech legen.

2 Den Thunfisch zum Abtropfen in ein Sieb geben. 2 Tomaten waschen, den Stielansatz herausschneiden und das Fruchtfleisch in Scheiben schneiden. Den Thunfisch und die Tomaten auf die Toastscheiben legen und mit Käse bedecken.

3 Das Blech auf die mittlere Schiene in den Ofen schieben und die Toasts so lange überbacken, bis der Käse geschmolzen ist.

4 Die restliche Tomate und die Petersilie waschen und abtrocknen. Die Toasts mit in Achtel geschnittener Tomate und mit Petersilienblättchen garnieren.

FÜR JEDEN TAG

Überbackenes Sardellenbrot

Zubereitungszeit ca. 15 Minuten | plus Backzeit ca. 10 Minuten | fertig in ca. 25 Minuten
Aufwand gering | pro Portion ca. 190 kcal/798 kJ, 13 g E, 13 g F, 5 g KH

FÜR 4 PORTIONEN

- 2 Tomaten
- 1 El Kapern
- 4 Scheiben Weißbrot
- 2 El Butter
- 8 in Öl eingelegte Sardellenfilets
- ½ Tl getrockneter Oregano
- Salz
- Pfeffer
- 100 g frisch geriebener Gruyère
- Fett für das Blech

1 Den Backofen auf 200 °C (Umluft 180 °C) vorheizen. Die Tomaten waschen, von den Stielansätzen befreien und in Scheiben schneiden. Die Kapern hacken.

2 Die Weißbrotscheiben mit Butter bestreichen. Darauf jeweils Tomatenscheiben, 2 Sardellenfilets und einige Kapern legen. Mit Oregano, Salz und Pfeffer würzen und mit dem geriebenen Käse bestreuen.

3 Die Brote auf ein gefettetes Backblech legen und im Ofen etwa 10 Minuten überbacken. Heiß servieren.

Putenröllchen mit Pesto

Zubereitungszeit ca. 15 Minuten | plus Garzeit ca. 15 Minuten | fertig in ca. 30 Minuten
Aufwand gering | pro Portion ca. 212 kcal/890 kJ, 37 g E, 4 g F, 4 g KH

FÜR 4 PORTIONEN

4 Putenschnitzel
150 g Pesto (aus dem Glas)
2 El Olivenöl
125 ml Gemüsebrühe
einige Basilikumblättchen

1 Die Schnitzel waschen, trocknen, ganz flach klopfen und mit dem Pesto bestreichen. Schnitzel zusammenrollen und mit einem Holzstäbchen feststecken.

2 Das Öl in einer Pfanne erhitzen und die Putenröllchen darin von allen Seiten gut anbraten. Die Brühe angießen und die Röllchen weitere 12 Minuten köcheln, bis sie gar sind.

3 Die Röllchen nach Belieben in Scheiben schneiden und mit Basilikum garniert servieren. Dazu frisches Brot und Salat reichen.

TIPP!!

Wenn Sie keinen Fleischklopfer haben, um die Schnitzel flach zu klopfen, können Sie auch eine schwere Pfanne oder Kasserolle benutzen.

FÜR JEDEN TAG

Für die, die es rustikal mögen

Schinkennudeln

Zubereitungszeit ca. 30 Minuten
Aufwand gering | pro Portion ca. 875 kcal/3659 kJ, 35 g E, 40 g F, 95 g KH

FÜR 4 PORTIONEN

500 g Makkaroni
Salz
1 Zwiebel
1 Knoblauchzehe
150 g gekochter Schinken
150 g geräucherter Speck
2 El Öl
2 Eier
75 g frisch geriebener Emmentaler
Pfeffer
Paprikapulver
2 El frisch gehackte Petersilie

1 Die Nudeln in kochendem Salzwasser nach Packungsanweisung bissfest garen. Zwiebel und Knoblauchzehe schälen und fein würfeln. Schinken und Speck würfeln.

2 Das Öl in einer Pfanne erhitzen und Zwiebel, Knoblauch, Schinken und Speck darin andünsten. Die Eier mit dem Käse verrühren und mit Salz, Pfeffer und Paprikapulver würzen.

3 Die Nudeln abgießen und abtropfen lassen. Mit dem Ei-Käse-Gemisch zu Schinken und Speck in die Pfanne geben und stocken lassen. Dabei gut rühren, damit nichts anbrennt. Mit gehackter Petersilie bestreut servieren.

Spaghetti aglio olio

Zubereitungszeit ca. 15 Minuten | plus Kochzeit ca. 10 Minuten | fertig in ca. 25 Minuten
Aufwand gering | pro Portion ca. 493 kcal/2070 kJ, 13 g E, 18 g F, 70 g KH

FÜR 4 PORTIONEN

400 g Spaghetti
½ frische Chilischote
60 ml extra natives Olivenöl
4 Knoblauchzehen
1 getrocknete Chilischote
1 Bund Petersilie
Salz
Pfeffer

1 Die Spaghetti nach Packungsanweisung bissfest garen. Die Chilischote waschen, entkernen und hacken. Die Petersilie waschen, trocken schütteln und hacken.

2 Olivenöl in einem Topf erhitzen und die gehackte Chilischote 2 Minuten darin schmoren. Knoblauchzehen schälen, hacken und 1 Minute mitbraten. Den Knoblauch aber nicht bräunen, sonst wird er bitter. Die getrocknete Chilischote dazubröseln.

3 Spaghetti in einem Sieb abtropfen lassen. Mit der Petersilie zu dem Knoblauch-Chili-Öl in die Pfanne geben und alles gut vermengen. Mit Salz und Pfeffer abschmecken und sofort servieren.

TIPP!!

Je nachdem, wie scharf Sie es mögen, können Sie mehr oder weniger Chili benutzen.

FÜR JEDEN TAG

Penne all' arrabbiata

Zubereitungszeit ca. 20 Minuten | plus Kochzeit ca. 10 Minuten | fertig in ca. 30 Minuten
Aufwand gering | pro Portion ca. 590 kcal/2470 kJ, 19 g E, 17 g F, 88 g KH

FÜR 4 PORTIONEN

- 400 g Penne
- Salz
- 300 g TK-Erbsen
- 1 Knoblauchzehe
- 30 g Tomatenmark
- 2 Tl Kapern
- 2 El Olivenöl
- Pfeffer
- 1 Prise Zucker
- 1 rote Chilischote
- ½ Bund Petersilie
- 80 g schwarze Oliven ohne Stein
- 40 g Parmesan

1 Penne in Salzwasser bissfest garen. 4 Minuten vor Ende der Garzeit die Erbsen zu den Nudeln geben.

2 Inzwischen die Knoblauchzehe schälen und hacken. Zusammen mit Tomatenmark, Kapern und Olivenöl pürieren, mit Salz, Pfeffer und Zucker würzen.

3 Die Chilischote putzen, waschen, entkernen und fein hacken. Unter das Püree ruhren. Die Petersilie waschen, trocken schütteln und die Blättchen hacken. Die Nudeln und Erbsen abgießen und sofort mit der Chilisauce, den schwarzen Oliven und der Petersilie mischen. Den Parmesan darüberhobeln.

TIPP!!

Übersetzt bedeutet dieses Gericht „Penne auf zornige/leidenschaftliche Art" – diese Bezeichnung ist sicher auf die Schärfe durch die Chilischote zurückzuführen.

FÜR JEDEN TAG

FÜR JEDEN TAG 33

Spaghetti mit Käsesauce

Zubereitungszeit ca. 30 Minuten
Aufwand gering | pro Portion ca. 695 kcal/2913 kJ, 30 g E, 30 g F, 77 g KH

FÜR 4 PORTIONEN

400 g Spaghetti
Salz
1 Zwiebel
1 El Butter oder Margarine
1 El Mehl
375 ml Milch
50 g Gruyère
50 g Gouda
50 g Parmesan
Pfeffer aus der Mühle
frisch geriebene Muskatnuss
50 g Pinienkerne
1 El Thymianblätter

1 Die Spaghetti in reichlich Salzwasser nach Packungsanweisung kochen, abgießen und gut abtropfen lassen.

2 In der Zwischenzeit die Zwiebel schälen und in sehr feine Würfel schneiden. Die Butter oder Margarine in einem Topf erhitzen und die Zwiebelwürfel darin glasig dünsten. Mit Mehl bestäuben und anschwitzen. Die Milch dazugießen und gut einrühren. 5 Minuten bei schwacher Hitze kochen lassen, dabei mehrmals umrühren.

3 Gruyère, Gouda und 40 g Parmesan fein raspeln, in die Sauce geben und bei milder Hitze unter ständigem Rühren schmelzen lassen. Mit Salz, Pfeffer und Muskat kräftig würzen.

4 Die Pinienkerne in einer Pfanne ohne Fett leicht anrösten. Die Spaghetti mit der Käsesauce mischen und anrichten. Mit Pinienkernen, restlichem gehobelten Parmesan und den Thymianblättchen bestreut servieren.

TIPP!!

Wenn Sie gern Gorgonzola mögen, ersetzen Sie doch eine der Käsesorten durch Gorgonzola.

FÜR JEDEN TAG

Penne mit Tomaten-Thunfisch-Sauce

Zubereitungszeit ca. 35 Minuten
Aufwand mittel | pro Portion ca. 739 kcal/3090 kJ, 36 g E, 28 g F, 80 g KH

FÜR 4 PORTIONEN

- 400 g Penne
- Salz
- 2 Zwiebeln
- 1–2 Knoblauchzehen
- 2–3 getrocknete Chilischoten
- 3 El Öl
- 1 große Dose geschälte Tomaten (850 g)
- 50 g schwarze Oliven
- 50 g Kapern (aus dem Glas)
- Pfeffer
- 1 El Zucker
- 1 Bund glatte Petersilie
- 2 Dosen Thunfisch

1 Die Nudeln in reichlich kochendem Salzwasser nach Packungsanweisung garen. Inzwischen Zwiebeln und Knoblauch schälen und fein würfeln. Chilis fein hacken. Zwiebeln im heißen Öl glasig dünsten. Knoblauch und Chili dazugeben und bei mittlerer Hitze andünsten.

2 Tomaten mit der Flüssigkeit zugeben und offen ca. 10 Minuten einkochen lassen. Oliven entsteinen und mit den abgetropften Kapern in die Sauce geben. Mit Salz, Pfeffer und Zucker abschmecken.

3 Petersilie waschen, trocknen und fein hacken. Thunfisch abtropfen lassen und grob zerteilen. Beides vor dem Servieren unter die Sauce mischen und mit den Nudeln anrichten.

TIPP!!

Nach dem Schneiden von Chilischoten unbedingt gründlich die Hände waschen! Am besten ist es sogar, einfach Küchenhandschuhe anzuziehen.

Bratkartoffeln mit Speck

Zubereitungszeit ca. 20 Minuten | plus Garzeit ca. 20 Minuten | plus Abkühlzeit ca. 30 Minuten | fertig in ca. 1 Stunde 10 Minuten
Aufwand mittel | pro Portion ca. 243 kcal/1020 kJ, 10 g E, 4 g F, 37 g KH

FÜR 4 PORTIONEN

1 kg festkochende Kartoffeln
Salz
100 g Schinkenspeck
1 Zwiebel
3 El Butterschmalz
Pfeffer
2 El frisch gehackter Dill

1 Die Kartoffeln waschen und in der Schale in kochendem Salzwasser etwa 20 Minuten garen. Abgießen und etwas ausdämpfen lassen. Dann die Kartoffeln pellen und abkühlen lassen. Anschließend in Scheiben schneiden.

2 Den Speck in sehr feine Würfel schneiden. Die Zwiebel schälen und fein hacken. Das Butterschmalz in einer gusseisernen Pfanne sehr heiß werden lassen und die Kartoffelscheiben hineingeben. Auf der Unterseite bräunen, dann durch Schwenken der Pfanne die Kartoffeln wenden.

3 Speck und Zwiebel zu den Kartoffeln geben und mitschmoren. Die Kartoffeln goldbraun braten, mit Salz und Pfeffer würzen und mit Dill bestreut servieren.

Herzhaft & knusprig

Gefüllte Hackklopse

Zubereitungszeit ca. 30 Minuten | plus Backzeit ca. 20 Minuten | fertig in ca. 50 Minuten
Aufwand mittel | pro Portion ca. 298 kcal/1252 kJ, 22 g E, 23 g F, 2 g KH

FÜR 4 PORTIONEN

750 g gemischtes Hackfleisch
2 Eier
Salz
Pfeffer
½ Tl Cayennepfeffer
2 El frisch gehackte Petersilie
je 1 rote und grüne Paprikaschote
1 El Butter
1 El Essig
1 Handvoll Rucolablätter
8 Scheiben Schmelzkäse

1 Den Backofen auf 200 °C (Umluft 180 °C) vorheizen. Das Hackfleisch mit den Eiern, den Gewürzen und der Petersilie vermengen. Aus dem Teig 8 runde Fleischfladen formen und diese auf ein Backblech setzen. Im Ofen etwa 20 Minuten backen.

2 Paprika waschen, putzen, entkernen und in kleine Würfel schneiden. In der heißen Butter etwa 3 Minuten schmoren. Essig und 2 El Wasser hinzufügen und 1 weitere Minute schmoren. Rucola waschen und trocken schleudern.

3 Die Fleischklopse halbieren. Die untere Hälfte mit Rucola belegen und darauf Paprikawürfel verteilen. Die obere Hälfte darauflegen und mit 1 Scheibe Schmelzkäse belegen. Unter dem heißen Grill goldbraun überbacken. Als Beilage passen Brot oder Bratkartoffeln.

Rindersteaks mit frittierten Zwiebeln

Zubereitungszeit ca. 20 Minuten | plus Frittierzeit ca. 10 Minuten | fertig in ca. 30 Minuten
Aufwand mittel | pro Portion ca. 593 kcal/2489 kJ, 43 g E, 38 g F, 19 g KH

FÜR 4 PORTIONEN

4 El Butterschmalz
4 Rindersteaks (à 180 g)
2 Zwiebeln
100 g Mehl
500 ml Frittieröl
Salz

1 Das Butterschmalz in einer großen gusseisernen Pfanne sehr heiß werden lassen. Die Steaks darin von beiden Seiten etwa 2–3 Minuten braten, sodass das Fleisch innen noch rosa (medium) ist. Außen sollte das Fleisch schön braun und innen saftig sein. Fertige Steaks aus der Pfanne nehmen und im Ofen bei ca 60 °C warm halten.

2 Die Zwiebeln schälen und in sehr dünne Ringe schneiden. Zwiebelringe in dem Mehl wenden. Das Frittierfett in einem hohen Topf oder der Fritteuse auf ca. 180 °C erhitzen und die Zwiebelringe darin etwa 10 Minuten frittieren. Mit dem Schaumlöffel herausholen und auf Küchenpapier abtropfen lassen. Nach Geschmack salzen. Steaks mit den Zwiebeln servieren.

Taco-Shells mit Hack-Bohnen-Füllung

Zubereitungszeit ca. 30 Minuten | plus Backzeit ca. 15 Minuten | fertig in ca. 45 Minuten
Aufwand mittel | pro Portion ca. 886 kcal/3722 kJ, 52 g E, 36 g F, 50 g KH

FÜR 4 PORTIONEN

- 2 Zwiebeln
- 2 Knoblauchzehen
- 2 gelbe Paprikaschoten
- 1 rote Chilischote
- 4 El Öl
- 100 ml rote Salsa
- 400 g Rinderhackfleisch
- 500 g Kidneybohnen (aus der Dose)
- Salz, Pfeffer
- 1/2 Tl Kreuzkümmel
- 8 Taco-Shells (FP)
- 200 g frisch geriebener Emmentaler

1 Zwiebel und Knoblauch schälen und hacken. Paprika putzen, entkernen, waschen und würfeln. Chili putzen, entkernen, waschen und fein hacken. Öl erhitzen und Zwiebel mit Knoblauch darin andünsten. Hackfleisch, Paprika und Chili hinzufügen und alles 5 Minuten schmoren. Bohnen abgießen und in die Pfanne geben. Mischung mit Salz, Pfeffer und Kreuzkümmel würzen und Salsa unterrühren. Weitere 5 Minuten köcheln.

2 Backofen auf 200 °C (Umluft 180 °C) vorheizen. Tacos mit der Hackfleisch-Bohnen-Mischung füllen und mit Käse bestreuen. Im Ofen etwa 15 Minuten backen.

FÜR JEDEN TAG

Schnitzel Caprese mit Mozzarella

Zubereitungszeit ca. 30 Minuten
Aufwand mittel | pro Portion ca. 690 kcal/2898 kJ, 62 g E, 36 g F, 26 g KH

FÜR 4 PORTIONEN

1 Zwiebel
2 Knoblauchzehen
6 Tomaten
3 El Olivenöl
3 El Aceto balsamico
Salz
Pfeffer
4 Hähnchenschnitzel
100 g Mehl
3 Eier
1 El Milch
100 g Paniermehl
3 El Butterschmalz
400 g Mozzarella
Basilikum zum Garnieren

1. Zwiebel schälen und in Ringe schneiden, Knoblauch schälen und hacken. Tomaten waschen, Stielansätze entfernen und Tomaten in Scheiben schneiden.

2. Tomatenscheiben mit Zwiebelringen und Knoblauch vermengen. Aus Öl, Balsamico, Knoblauch, Salz und Pfeffer ein Dressing bereiten und dieses über die Mischung gießen.

3. Hähnchenschnitzel flach klopfen und mit Salz und Pfeffer würzen. Mehl auf einen Teller geben. Auf einem zweiten Teller Eier mit Milch verquirlen. Paniermehl auf einen dritten Teller geben. Schnitzel der Reihe nach zuerst in Mehl, dann in Eiern und zuletzt im Paniermehl wenden.

4. Butterschmalz in einer Pfanne erhitzen und Schnitzel darin von beiden Seiten etwa 5 Minuten braten. Mozzarella in Scheiben schneiden und mit den Tomaten auf 4 Teller verteilen. Schnitzel auf den Tomaten anrichten. Mit Basilikumblättchen garniert servieren.

Tomate-Mozzarella mal anders!

FÜR JEDEN TAG 43

schmeckt nicht nur in Berlin!

Berliner Kalbsleber

Zubereitungszeit ca. 30 Minuten
Aufwand mittel | pro Portion ca. 305 kcal/1281 kJ, 31 g E, 9 g F, 24 g KH

FÜR 4 PORTIONEN

4 saure Äpfel
2 El Butter
2 große Zwiebeln
4 Scheiben Kalbsleber
   (je 2–3 cm dick)
1 El Mehl
1 El Öl
Salz
Pfeffer

1 Die Äpfel schälen, vierteln, das Kerngehäuse ausstechen und die Äpfel in Scheiben schneiden. Apfelscheiben in einer Pfanne in 1 El Butter braten, herausnehmen und bei 60 °C im Ofen warm stellen.

2 Die Zwiebeln schälen, in Scheiben schneiden und in der restlichen Butter goldgelb dünsten. Die Leber unter fließendem Wasser abwaschen, trocken tupfen, von Sehnen und Röhren befreien und in etwas Mehl wenden. Etwas Öl in eine Pfanne geben und die Leber von jeder Seite 2–3 Minuten braten. Erst dann salzen und pfeffern, da die Leber sonst hart wird.

3 Zum Servieren die Äpfel und Zwiebeln über die Leber geben und das Bratfett darübergießen. Dazu passt Kartoffelbrei.

Möhren untereinander

Zubereitungszeit ca. 25 Minuten | plus Kochzeit ca. 20 Minuten | fertig in ca. 45 Minuten
Aufwand mittel | pro Portion ca. 250 kcal/1030 kJ, 6 g E, 11 g F, 33 g KH

FÜR 4 PORTIONEN

1 kleine rote Zwiebel
1 kg Möhren
30 g Butter
½ Tl Zucker
Salz
Pfeffer
50 ml Hühnerbrühe
500 g Kartoffeln
1 Bund glatte Petersilie
50 ml Sahne

1 Die Zwiebel schälen und fein hacken. Die Möhren putzen, schälen und grob würfeln. Die Zwiebel in der Butter glasig andünsten. Möhren dazugeben und bei geschlossenem Deckel kurz mitdünsten. Den Zucker darüberstreuen und die Möhren unter Rühren karamellisieren lassen. Anschließend kräftig salzen und pfeffern und mit der Hühnerbrühe ablöschen. Alles bei geschlossenem Deckel und unter gelegentlichem Rühren in ca. 20 Minuten weich dünsten.

2 Inzwischen die Kartoffeln schälen und grob würfeln. In reichlich Salzwasser in ebenfalls 20 Minuten gar kochen, abgießen und zu den Möhren geben. Die Hälfte der Möhren-Kartoffel-Mischung stampfen und wieder unter die Kartoffeln und Möhren heben. Die Petersilie waschen, trocken schütteln und fein hacken. Sahne und Petersilie unter das Möhren-Kartoffel-Gemüse rühren und nach Bedarf nachwürzen.

TIPP!!

Besonders deftig schmeckt das Möhrengemüse mit gewürfeltem und angebratenem Schinkenspeck.

Matjes mit Äpfeln

Zubereitungszeit ca. 20 Minuten | plus Einweichzeit ca. 2 Stunden | fertig in ca. 2 Stunden 20 Minuten
Aufwand gering | pro Portion ca. 540 kcal/2220 kJ, 23 g E, 44 g F, 14 g KH

FÜR 4 PORTIONEN

- 8 Matjesfilets
- 500 ml Milch
- 2 säuerliche Äpfel
- 1 Tl Zitronensaft
- 4 Zwiebeln
- 250 ml Sahne
- 150 g Joghurt
- 1 Prise Zucker
- 3 Stängel Dill

1 Die Matjesfilets 2 Stunden in der Milch einweichen. Die Äpfel schälen, das Kerngehäuse entfernen, Fruchtfleisch in Stücke schneiden und mit dem Zitronensaft beträufeln. Die Zwiebeln schälen und in Ringe schneiden.

2 Sahne, Joghurt und Zucker verrühren. Die Apfelstücke und Zwiebelringe untermischen. Matjesfilets in breite Streifen schneiden und in die Sahnemischung geben.

3 Den Dill waschen, trocken schütteln, die Dillspitzen abzupfen und ebenfalls zum Matjes geben. Mit Schwarzbrot servieren.

TIPP!!

In Norddeutschland reicht man zu Matjes traditionell Pellkartoffeln und grüne Bohnen mit Speckstippe, einer Art Specksauce.

Paniertes Seelachsfilet

Zubereitungszeit ca. 25 Minuten
Aufwand gering | pro Portion ca. 435 kcal/1827 kJ, 40 g E, 10 g F, 43 g KH

FÜR 4 PORTIONEN

4 Seelachsfilets
Salz
Pfeffer
1 Ei
1 El Zitronensaft
6 El Mehl
50 g Paniermehl
Öl zum Braten

1 Die Fischfilets waschen, trocken tupfen und mit Salz, Pfeffer und Zitronensaft einreiben. Das Ei verquirlen. Ei, Mehl und Paniermehl jeweils auf einen Teller geben. Die Fischfilets nacheinander in Mehl, Ei und Paniermehl wenden.

2 Reichlich Öl in einer großen Pfanne erhitzen und die Fischfilets darin von jeder Seite etwa 3 Minuten braten. Herausnehmen und auf Küchenpapier abtropfen lassen.

Einfach & schnell

TIPP!!

Funktioniert auch mit TK-Lachs. Vorher nach Packungsanweisung auftauen lassen.

Lachsfilet mit Kräuter-Senf-Kruste

Zubereitungszeit ca. 15 Minuten | plus Garzeit ca. 20 Minuten | fertig in ca. 35 Minuten
Aufwand gering | pro Portion ca. 382 kcal/1604 kJ, 38 g E, 24 g F, 2 g KH

FÜR 4 PORTIONEN

800 g Lachsfilet
1 El Zitronensaft
Salz
Pfeffer
je 1 Bund Dill, Schnittlauch und Petersilie
150 g Crème fraîche
5 El Fischfond
2 Tl Senf

1 Das Lachsfilet waschen, trocken tupfen und mit Zitronensaft beträufeln. Mit Salz und Pfeffer bestreuen und in eine feuerfeste Form legen. Ofen auf 200 °C (Umluft 180 °C) vorheizen.

2 Die Kräuter waschen, trocken schütteln und fein hacken. ¾ der Kräuter mit der Crème fraîche, dem Fond und dem Senf verrühren und den Fisch damit bestreichen. Den Lachs im Ofen etwa 20 Minuten garen. Mit restlichen Kräutern bestreut servieren.

FÜR JEDEN TAG

Lecker aus dem Ofen

Überbackener Seelachs mit Spinat

Zubereitungszeit ca. 25 Minuten | plus Garzeit ca. 20 Minuten | fertig in ca. 45 Minuten
Aufwand mittel | pro Portion ca. 530 kcal/2226 kJ, 51 g E, 32 g F, 6 g KH

FÜR 4 PORTIONEN

- 250 g TK-Spinat
- 1 Zwiebel
- 2 El Olivenöl
- Salz, Pfeffer
- geriebene Muskatnuss
- 750 g Seelachsfilet
- 50 g Butter
- 3 El Mehl
- 350 ml Fischfond
- 50 ml Sahne
- 100 g Parmesan
- Fett für die Form

1 Den Spinat auftauen lassen. Die Zwiebel schälen, hacken und im erhitzten Olivenöl andünsten. Den Spinat unter Rühren mitdünsten. Mit Salz, Pfeffer und Muskat würzen.

2 Den Backofen auf 200 °C (Umluft 180 °C) vorheizen. Spinat in eine gefettete Form geben und das Seelachsfilet darauflegen. Die Butter in einer Pfanne schmelzen, das Mehl hineinrühren. Mit Fischfond und Sahne ablöschen und salzen und pfeffern.

3 Den Parmesan reiben, die Sauce etwas einkochen, dann die Hälfte des Parmesans einrühren. Sauce über den Fisch geben, den restlichen Käse darüberstreuen und den Fisch im Ofen etwa 15 Minuten garen. Danach noch 5 Minuten unter dem heißen Grill überbacken.

Fischfilet auf mexikanische Art

Zubereitungszeit ca. 10 Minuten | plus Backzeit ca. 20 Minuten | fertig in ca. 30 Minuten
Aufwand gering | pro Portion ca. 445 kcal/1869 kJ, 45 g E, 20 g F, 21 g KH

FÜR 4 PORTIONEN

800 g Fischfilet nach Wahl
250 ml Salsa nach Geschmack (mild oder scharf)
125 g frisch geriebener Cheddar
50 g Maistortillachips, natur
1 Avocado
100 g saure Sahne
Fett für die Form

1 Den Backofen auf 200 °C (Umluft 180 °C) vorheizen. Eine flache Auflaufform fetten. Die Fischfilets trocken tupfen und in die Form legen. Mit Salsa bestreichen und mit Käse bestreuen. Die Tortillachips zerbröseln und über die Fischfilets streuen. Fisch im Ofen etwa 20 Minuten backen.

2 Inzwischen die Avocado schälen, den Kern entfernen und das Fruchtfleisch in Scheiben schneiden. Die überbackenen Fischfilets mit saurer Sahne und Avocadoscheiben servieren. Dazu schmeckt Reis.

TIPP!!

Eine reife Avocado erkennt man daran, dass sie leicht nachgibt, wenn man sie mit dem Daumen drückt.

FÜR JEDEN TAG

Deftiges & Klassiker

Linseneintopf mit Mettwürstchen

Zubereitungszeit ca. 30 Minuten | plus Garzeit ca. 30 Minuten | fertig in ca. 1 Stunde
Aufwand mittel | pro Portion ca. 477 kcal/2003 kJ, 34 g E, 15 g F, 49 g KH

FÜR 4 PORTIONEN

- 250 g getrocknete Tellerlinsen
- 1,25 l Gemüsebrühe
- 1 Zwiebel
- 1 Lorbeerblatt
- 2 Gewürznelken
- 1 Bund Suppengemüse
- 400 g Kartoffeln
- 150 g Räucherspeck
- Salz
- Pfeffer
- Weißweinessig zum Abschmecken
- 4 Mettwürstchen
- 2 El frisch gehackte Petersilie

1 Die Linsen mit der Brühe in einen Topf geben. Die Zwiebel schälen und mit Lorbeerblatt und Gewürznelken spicken. Zu den Linsen geben und aufkochen. Den Schaum abschöpfen. Die Linsen etwa 15 Minuten garen.

2 Das Suppengemüse putzen und waschen. Sellerie und Möhren schälen und würfeln. Den Lauch in Ringe schneiden. Die Kartoffeln schälen und würfeln. Den Speck würfeln und in einer Pfanne knusprig braten. Speckwürfel aus der Pfanne nehmen, das Gemüse und die Kartoffeln im Speckfett andünsten, zu den Linsen geben und den Eintopf weitere 30 Minuten garen. Mit Salz, Pfeffer und Essig abschmecken. Die Zwiebel entfernen.

3 Die Mettwürstchen waschen, trocken tupfen und in den letzten 10 Minuten im Linseneintopf erhitzen. Mit Petersilie garniert servieren.

TIPP!!

Sie können natürlich auch andere Würste nehmen, z. B. Bockwürste, Wiener Würstchen oder Cabanossi.

Schlachtplatte

Zubereitungszeit ca. 25 Minuten | plus Garzeit ca. 1 Stunde | fertig in ca. 1 Stunde 25 Minuten
Aufwand mittel | pro Portion ca. 1216 kcal/5091 kJ, 30 g E, 121 g F, 2 g KH

FÜR 4 PORTIONEN

1 Zwiebel
1 El Butterschmalz
500 g Sauerkraut
250 ml Gemüsebrühe
1 El Kümmel
1 Tl Dillsamen
10 Wacholderbeeren
1 Lorbeerblatt
4 Scheiben Schweinebauch
2 Leberwürste
2 Blutwürste
Salz

1 Die Zwiebel schälen und fein hacken. Das Butterschmalz in einem Topf erhitzen und die Zwiebel darin glasig schmoren. Das Sauerkraut zugeben, kurz anschmoren, dann mit der Gemüsebrühe ablöschen. Die Gewürze hinzufügen. Die Schweinebäuche auf das Kraut legen und alles abgedeckt 45 Minuten köcheln.

2 Die Würste dazulegen und etwa 15 Minuten in dem Sauerkraut erhitzen. Sauerkraut mit Salz abschmecken. Sauerkraut, Schweinebauch und Würste auf einer großen Platte anrichten. Dazu passen frisches Brot oder Kartoffeln.

Deftiger geht's nicht!

DEFTIGES & KLASSIKER

TIPP!!

Wer möchte, drückt vor dem Schmoren noch 2 hartgekochte Eier in die Masse – das ist lecker und sieht nett aus.

Falscher Hase

Zubereitungszeit ca. 30 Minuten | plus Garzeit ca. 1 Stunde | fertig in ca. 1 Stunde 30 Minuten
Aufwand gering | pro Portion ca. 482 kcal/2024 kJ, 33 g E, 35 g F, 8 g KH

FÜR 4 PORTIONEN

1 Brötchen vom Vortag
2 Zwiebeln
600 g gemischtes Hackfleisch
2 Eier
2 El frisch gehackte Petersilie
2 Tl Senf
Salz
Pfeffer
edelsüßes Paprikapulver
2 El Öl

1 Den Backofen auf 200 °C (Umluft 180 °C) vorheizen. Das Brötchen in wenig Wasser einweichen. Die Zwiebeln schälen und hacken. Das Hackfleisch mit dem ausgedrückten Brötchen, den Zwiebeln, den Eiern und der Petersilie zu einem geschmeidigen Teig verarbeiten und mit Senf, Salz, Pfeffer und Paprikapulver abschmecken. Die Masse zu einem Laib formen.

2 Das Öl in einem Bräter erhitzen und den Fleischlaib darin von allen Seiten kräftig anbraten. Dann in den Ofen stellen und etwa 1 Stunde schmoren.

3 Den Falschen Hasen mit einer Tomatensauce oder dunklen Bratensauce servieren. Dazu schmecken Bratkartoffeln.

DEFTIGES & KLASSIKER

Schnitzel auf Toast mit Champignons

Zubereitungszeit ca. 30 Minuten | plus Backzeit ca. 10 Minuten | fertig in ca. 40 Minuten
Aufwand mittel | pro Portion ca. 698 kcal/2927 kJ, 53 g E, 25 g F, 65 g KH

FÜR 4 PORTIONEN

- 2 Frühlingszwiebeln
- 150 g Champignons
- 4 Schweineschnitzel
- Salz
- Pfeffer
- 4 El Mehl
- 2 Eier
- 100 g Paniermehl
- 8 Scheiben Vollkorntoast
- 3 El Butterschmalz
- 4 El Sahne
- 150 g frisch geriebener Emmentaler
- Fett für das Blech

1 Ofen auf 200 °C (Umluft 180 °C) vorheizen. Die Frühlingszwiebeln putzen, waschen, trocknen und in Ringe schneiden. Die Champignons putzen, feucht abreiben und in Scheiben schneiden.

2 Die Schweineschnitzel waschen, trocknen und flach klopfen. Mit Salz und Pfeffer würzen und in der Mitte quer halbieren. Alle Schnitzel nacheinander zuerst im Mehl, dann in den verquirlten Eiern und zum Schluss in Paniermehl wenden.

3 Vollkorntoast auf ein gefettetes Backblech legen. Schnitzel in einer Pfanne in 2 El erhitztem Butterschmalz von jeder Seite etwa 5 Minuten braten. Dann herausnehmen, abtupfen und auf die Toastscheiben legen.

4 Im Schnitzel-Bratfett restliches Schmalz erhitzen und die Frühlingszwiebeln mit den Champignons darin anbraten. Mit Salz und Pfeffer würzen und die Sahne unterrühren. Die Gemüsemischung auf den Schnitzeln verteilen und mit dem Emmentaler bestreuen. Die Toasts im Ofen etwa 10 Minuten überbacken.

TIPP!!

Pilze sollte man nie waschen, da sie sich sonst mit Wasser vollsaugen und an Geschmack verlieren. Mit einem feuchten Küchenpapier kann man Schmutz vorsichtig abreiben.

Spareribs mit Honig

Zubereitungszeit ca. 30 Minuten | plus Marinierzeit ca. 3 Stunden | fertig in ca. 3 Stunde 30 Minuten
Aufwand mittel | pro Portion ca. 920 kcal/3864 kJ, 45 g E, 57 g F, 54 g KH

FÜR 4 PORTIONEN

1,5 kg Spareribs
2 Knoblauchzehen
5 El Olivenöl
3 El Sojasauce
3 El Honig
Saft von 1 Zitrone
2 El brauner Zucker
Salz
½ Tl Cayennepfeffer

1 Die Spareribs waschen und trocken tupfen. In Portionen schneiden und in eine flache Form legen.

2 Knoblauch schälen und fein hacken. Mit Öl, Sojasauce, Honig, Zitronensaft, Zucker, Salz und Cayennepfeffer zu einer Marinade verrühren und über die Spareribs geben. Mindestens 3 Stunden durchziehen lassen.

3 Spareribs aus der Marinade nehmen und abtropfen lassen. Auf dem heißen Grill von beiden Seiten etwa 20 Minuten grillen. Mehrmals wenden und mit der Marinade bestreichen. Dazu passen Folienkartoffeln mit Schmand.

Ab an den Grill!

TIPP!!

Gulasch ist ein klassisches Schmorgericht, das sein typisches Aroma durch langes Köcheln auf kleiner Flamme erhält. Durch das langsame Garen wird das Fleisch schön zart.

Gulasch

Zubereitungszeit ca. 20 Minuten | plus Kochzeit ca. 1 Stunde | fertig in ca. 1 Stunde 20 Minuten
Aufwand mittel | pro Portion ca. 660 kcal/2720 kJ, 53 g E, 47 g F, 6 g KH

FÜR 4 PORTIONEN

1 kg Rindergulasch
100 g Speck
3 kleine Zwiebeln
375 ml Fleischbrühe
Pfeffer
Salz
½ Tl Kümmel
1 Msp. Paprikapulver
250 g saure Sahne
1 El Mehl

1 Das Fleisch waschen und trocken tupfen. Den Speck fein würfeln, die Zwiebeln schälen und ebenfalls fein würfeln. Die Brühe aufkochen.

2 Den Speck in einem heißen Topf auslassen. Zwiebeln und Fleisch zugeben und unter ständigem Rühren kräftig anbraten. Salz, Pfeffer, Kümmel und Paprikapulver dazugeben. Die kochende Brühe dazugießen und aufkochen lassen. Bei geschlossenem Deckel ca. 1 Stunde auf niedriger Stufe köcheln lassen.

3 Die Sahne und das Mehl verrühren und die Sauce damit binden. Zu dem Gulasch passen Nudeln, Spätzle, aber auch Kartoffeln oder Semmelknödel.

DEFTIGES & KLASSIKER

Lammhaxen aus dem Ofen

Zubereitungszeit ca. 30 Minuten | plus Schmorzeit ca. 1 Stunde 40 Minuten | fertig in ca. 2 Stunden 10 Minuten
Aufwand mittel | pro Portion ca. 598 kcal/2509 kJ, 81 g E, 19 g F, 11 g KH

FÜR 4 PORTIONEN

- 4 Lammhaxen mit Knochen
- 1 Bund Suppengrün
- 250 g Zwiebeln
- 3 Knoblauchzehen
- 4 El Olivenöl
- 350 ml trockener Rotwein
- 350 ml Lammfond
- 2 El Tomatenmark
- 2 El Rosmarinnadeln
- 10 Salbeiblätter
- 2 Lorbeerblätter
- 2 Pimentkörner
- 1 El Speisestärke
- Salz
- Pfeffer

1 Die Lammhaxen waschen und trocken tupfen. Das Suppengrün putzen, waschen, Möhren und Sellerie schälen, das Gemüse würfeln. Die Zwiebeln und Knoblauchzehen schälen und ebenfalls würfeln.

2 Den Backofen auf 200 °C (Umluft 180 °C) vorheizen. Das Öl in einem Bräter erhitzen und die Haxen darin von allen Seiten gut anbraten. Das Gemüse, Zwiebeln und Knoblauch zugeben und kurz mitschmoren. Den Wein und Lammfond angießen. Das Tomatenmark einrühren und die Kräuter und Gewürze hinzufügen. Die Haxen bei geschlossenem Deckel etwa 1 Stunde 40 Minuten im Ofen schmoren.

3 Haxen aus dem Bräter nehmen und die Sauce durch ein Sieb streichen. Wieder in den Bräter geben, aufkochen und mit Speisestärke binden. Mit Salz und Pfeffer abschmecken. Die Lammhaxen mit der Sauce servieren. Dazu schmecken Ofenkartoffeln.

TIPP!!

Die Sauce streicht man durch ein Sieb, um die losen Kräuter daraus zu entfernen. Ihr Aroma haben sie während der langen Schmorzeit an die Sauce abgegeben.

Bier, das man essen kann!

Bierfleisch

Zubereitungszeit **ca. 25 Minuten** | plus Schmorzeit **ca. 1 Stunde 10 Minuten** | fertig in **ca. 1 Stunde 35 Minuten**
Aufwand **mittel** | pro Portion **ca. 506 kcal/2120 kJ, 52 g E, 22 g F, 4 g KH**

FÜR 4 PORTIONEN

800 g Rindfleisch aus der Keule
150 g Schinkenspeck
2 Zwiebeln
2 El Butterschmalz
2 El Mehl
500 ml Dunkelbier
Salz
Pfeffer
1 Tl getrockneter Majoran
1 Lorbeerblatt
3 El frisch gehackte Petersilie
Zucker
Essig

1 Das Fleisch waschen, trocken tupfen und in mundgerechte Stücke schneiden. Den Schinkenspeck in Streifen schneiden. Die Zwiebeln schälen und hacken.

2 Das Butterschmalz in einem Bräter erhitzen und die Fleischwürfel darin von allen Seiten gut anbraten. Schinkenspeck und Zwiebel zugeben und mitschmoren. Das Mehl darüberstäuben und anschwitzen. Das Bier dazugießen und alles aufkochen. Mit Salz, Pfeffer und Majoran würzen. Das Lorbeerblatt zugeben und das Fleisch bei geschlossenem Deckel auf niedriger Stufe etwa 1 Stunde 10 Minuten schmoren.

3 Zum Schluss die Petersilie einrühren und das Bierfleisch mit Zucker und Essig süß-sauer abschmecken. Dazu passen Kartoffeln und Rotkohl.

Kasseler mit Kraut

Zubereitungszeit ca. 15 Minuten | plus Kochzeit ca. 20 Minuten | fertig in ca. 35 Minuten
Aufwand gering | pro Portion ca. 325 kcal/1365 kJ, 24 g E, 22 g F, 8 g KH

FÜR 4 PORTIONEN

2 Zwiebeln
1 Fl Öl
500 g Sauerkraut
600 g Kasseler ohne Knochen, in Scheiben
1 Lorbeerblatt
5 Wacholderbeeren
1 l Gemüsebrühe
Salz
Pfeffer

1 Die Zwiebeln schälen und hacken. Das Öl in einem Topf erhitzen und die Zwiebeln darin andünsten. Das Sauerkraut zerzupfen, dazugeben und mitdünsten.

2 Das Fleisch waschen und trocken tupfen. Mit dem Lorbeerblatt und den Wacholderbeeren auf das Sauerkraut legen. Die Brühe angießen und alles etwa 20 Minuten zugedeckt auf niedriger Stufe köcheln.

3 Mit Salz und Pfeffer abschmecken. Dazu frisches Brot mit Butter und Senf servieren.

Schweinesenfbraten

Zubereitungszeit ca. 25 Minuten | plus Schmorzeit ca. 2 Stunden 30 Minuten | fertig in ca. 3 Stunden
Aufwand mittel | pro Portion ca. 510 kcal/2142 kJ, 57 g E, 28 g F, 6 g KH

FÜR 4 PORTIONEN

1 kg Schweinenacken
1 El Senf
Salz
Pfeffer
¼ Tl Rosenpaprika
100 g Räucherspeck
2 Zwiebeln
125 ml Fleischbrühe
2 El saure Sahne
2 El Crème fraîche
2 El Mehl

1 Das Fleisch waschen, trocken tupfen und mit Senf bestreichen, mit Salz, Pfeffer und Rosenpaprika bestreuen. Den Speck würfeln und in einem heißen Bräter auslassen. Die Zwiebeln schälen und hacken. Die Zwiebeln und den Schweinenacken in den Bräter geben und im Speckfett gut anbraten.

2 Den Braten bei geschlossenem Topf und mittlerer Temperatur etwa 2 ½ Stunden schmoren. Währenddessen die Fleischbrühe nach und nach angießen. Nach Ende der Garzeit das Fleisch aus dem Topf nehmen und warm stellen. Saure Sahne und Crème fraîche mit dem Mehl glatt rühren und die Sauce damit binden.

3 Den Schweinesenfbraten in Scheiben schneiden und mit der Sauce servieren. Dazu passen Kartoffelpüree und Bayerisch Kraut oder Rotkohl.

TIPP!!

Kartoffelpüree ist ganz leicht selbst gemacht:
1 kg Kartoffeln kochen, pellen und mit dem Kartoffelstampfer zerstampfen. 150 ml Milch und geriebene Muskatnuss unterrühren, salzen, pfeffern – fertig!

DEFTIGES & KLASSIKER

Knuspriges Backhendl

Zubereitungszeit ca. 25 Minuten | plus Frittierzeit ca. 15 Minuten | fertig in ca. 40 Minuten
Aufwand mittel | pro Portion ca. 1611 kcal/6749 kJ, 148 g E, 95 g F, 18 g KH

FÜR 4 PORTIONEN

2 Hähnchen (à ca. 1,4 kg)
Salz
3 El Zitronensaft
100 g Mehl
3 Eier
125 g Semmelbrösel
1,5 l Öl zum Frittieren
2 unbehandelte Zitronen

1 Hähnchen waschen und trocken tupfen. Das Brustfleisch herauslösen und die Keulen abschneiden. Die Häute entfernen und die Keulen auf der Innenseite etwas einschneiden.

2 Die Hähnchenteile salzen und mit Zitronensaft beträufeln. Mehl, Eier und Semmelbrösel jeweils auf getrennte Teller geben, die Eier mit etwas Wasser verquirlen. Das Öl in einem großen Topf oder einer Fritteuse erhitzen.

3 Die Hähnchenteile zuerst in Mehl, dann in den Eiern und zuletzt in den Semmelbröseln wenden. Panade gut andrücken. Im heißen Öl etwa 15 Minuten frittieren, anschließend auf Küchenpapier abtropfen lassen. Backhendl mit je ½ Zitrone servieren. Dazu schmecken Pommes frites oder Kartoffelsalat.

Klassiker aus Wien

Grünkohl mit Pinkel

Zubereitungszeit ca. 25 Minuten | plus Garzeit ca. 1 Stunde 10 Minuten | fertig in ca. 1 Stunde 35 Minuten
Aufwand mittel | pro Portion ca. 717 kcal/3011 kJ, 50 g E, 48 g F, 20 g KH

FÜR 4 PORTIONEN

1 kg Grünkohl
Salz
2 Zwiebeln
2 El Gänseschmalz
250 ml Gemüsebrühe
Pfeffer
250 g Rauchfleisch
300 g geräucherte Mettwurst
400 g Pinkel (Grützwurst)
3 El Haferflocken

1 Den Grünkohl putzen, die Blätter vom Strunk lösen, waschen, harte Stellen abschneiden. Den Grünkohl etwa 3 Minuten in kochendem Salzwasser blanchieren, dann herausnehmen, abtropfen lassen und hacken.

2 Die Zwiebeln schälen und hacken. Das Schmalz in einem Topf erhitzen und die Zwiebeln darin andünsten. Den Grünkohl zugeben und unter Rühren mitschmoren. Die Brühe angießen, den Kohl mit Salz und Pfeffer würzen. Etwa 25 Minuten köcheln.

3 Nach der Garzeit das Rauchfleisch zugeben und abgedeckt 15 Minuten weiterköcheln. Mettwurst und Grützwurst zum Grünkohl geben und alles weitere 20 Minuten bei geringer Hitze schmoren. Die Haferflocken unterrühren, 10 Minuten quellen lassen. Grünkohl mit Salz und Pfeffer abschmecken und mit Salzkartoffeln servieren.

TIPP!!

Grünkohl kann man zur Grünkohlzeit im Herbst und Winter auch häufig bereits geputzt und geschnitten in Tüten verpackt kaufen.

DEFTIGES & KLASSIKER

Frikadellen

Zubereitungszeit ca. 30 Minuten | plus Garzeit ca. 10 Minuten | fertig in ca. 40 Minuten
Aufwand mittel | pro Portion ca. 492 kcal/2055 kJ, 31 g E, 31 g F, 23 g KH

FÜR 4 PORTIONEN

2 Brötchen vom Vortag
1 Zwiebel
½ El Butter
500 g gemischtes Hackfleisch
½ Bund frisch gehackte Petersilie
2 Eier
Salz
Pfeffer
½ Tl Majoran
½ Tl edelsüßes Paprikapulver
2 El Butterschmalz

1 Die Brötchen mit 100 ml heißem Wasser übergießen und einweichen. Die Zwiebel schälen und fein hacken. Die Butter in einer Pfanne erhitzen und die Zwiebel darin andünsten.

2 Das Hackfleisch mit der Zwiebel und der Petersilie in eine Schüssel geben. Die Brötchen gut ausdrücken und dazugeben. Eier und die Gewürze zugeben und alles mit den Händen zu einem glatten Fleischteig verkneten.

3 Aus dem Fleischteig mit feuchten Händen Fleischklopse formen. Das Butterschmalz in einer Pfanne erhitzen und die Klopse darin von beiden Seiten scharf anbraten. Dann bei geringer Temperatur etwa 10 Minuten garen. Dazu schmecken Kartoffelsalat oder Krautsalat.

TIPP!!

Wenn, z.B. für eine Feier, eine größere Menge Frikadellen zubereitet werden soll: Einfach die rohen Frikadellen auf ein gefettetes Backblech legen und bei 180 °C im Backofen ca. 25 Minuten garen.

Cevapcici mit Tzaziki

Zubereitungszeit ca. 35 Minuten | plus Ziehzeit ca. 30 Minuten | fertig in ca. 1 Stunde
Aufwand mittel | pro Portion ca. 432 kcal/1814 kJ, 40 g E, 26 g F, 8 g KH

FÜR 4 PORTIONEN

½ Salatgurke
Salz
4 Knoblauchzehen
250 g Quark (20 % Fett)
150 g Joghurt
1 El fein gehackte Petersilie
¼ Tl Pfeffer
1 Zwiebel
je 1 rote und grüne Paprikaschote
600 g Rinderhackfleisch
1 Tl Paprikapulver
3 El Olivenöl

1 Die Gurke waschen, schälen und fein raspeln. Mit Salz bestreuen und 15 Minuten stehen lassen. Danach die Gurkenraspel ausdrücken.

2 Inzwischen die Knoblauchzehen schälen und fein hacken. Quark, Joghurt und 1 fein gehackte Knoblauchzehe zusammen mit den Gurkenraspeln in einer Schüssel verrühren. Das Ganze mit Petersilie, Salz und Pfeffer abschmecken.

3 Für die Cevapcici die Zwiebel schälen und sehr fein hacken. Die Paprikaschoten waschen, trocken tupfen, putzen, entkernen und in Streifen schneiden.

4 Das Rinderhackfleisch zusammen mit dem restlichen Knoblauch, Salz, Pfeffer und Paprikapulver zu einem Teig verkneten. Aus dem Fleischteig mit angefeuchteten Händen etwa fingerlange, 2 cm dicke Würste formen. Die Cevapcici nebeneinander auf einen Teller legen, abdecken und im Kühlschrank 30 Minuten durchziehen lassen.

5 Das Öl in einer beschichteten Pfanne erhitzen. Die Cevapcici darin unter Wenden von allen Seiten etwa 5 Minuten braten. Die Zwiebelwürfel auf den Cevapcici verteilen, das Ganze mit Paprikastreifen garnieren und mit Paprikapulver leicht bestäuben. Das Tzaziki dazu servieren.

Jugoslawien trifft Griechenland

Chili Con Carne

Zubereitungszeit ca. 30 Minuten | plus Garzeit ca. 20 Minuten | fertig in ca. 50 Minuten
Aufwand mittel | pro Portion ca. 450 kcal/ 1880 kJ, 35 g E, 24 g F, 24 g KH

FÜR 4 PORTIONEN

500 g Kidneybohnen (aus der Dose)
850 g Tomaten (aus der Dose)
1 große Zwiebel
2 Knoblauchzehen
1–2 rote Chilischoten
je 1 rote und grüne Paprikaschote
2 El Olivenöl
500 g Rinderhackfleisch
1 El Tomatenmark
350 ml Gemüsebrühe
Salz
Pfeffer
1 Tl edelsüßes Paprikapulver
½ Tl gemahlener Kreuzkümmel

1 Die Kidneybohnen in ein Sieb geben und abtropfen lassen. Die Tomaten aus der Dose in Stücke schneiden.

2 Die Zwiebel und den Knoblauch abziehen und fein hacken. Die Chilischoten waschen, trocken tupfen, längs halbieren, Kerne und Scheidewände sowie Stielansätze entfernen. Das Fruchtfleisch schräg in Ringe schneiden. Die Paprika waschen, halbieren, Stielansätze herausschneiden, Trennwände und Kerne herauslösen und das Fruchtfleisch würfeln.

3 Das Olivenöl in einem Topf erhitzen und das Hackfleisch darin anbraten, bis es grau und krümelig wird. Dann das Fleisch auf eine Seite des Topfes schieben und Zwiebel, Knoblauch und Chili auf der anderen Seite anschwitzen.

4 Anschließend die Tomatenstücke, Paprikawürfel, die Bohnen und das Tomatenmark unterrühren. Mit der Brühe aufgießen und das Chili zugedeckt ca. 20 Minuten auf kleiner Flamme schmoren lassen. Das Chili mit Salz, Pfeffer, Paprikapulver und Kreuzkümmel würzen und mit frischem Baguette oder Reis servieren.

TIPP!!

Am besten direkt die doppelte Menge machen – schmeckt am nächsten Tag noch besser und lässt sich gut einfrieren.

DEFTIGES & KLASSIKER

Hamburger

Zubereitungszeit ca. 20 Minuten | plus Bratzeit ca. 10 Minuten | fertig in ca. 30 Minuten
Aufwand mittel | pro Portion ca. 533 kcal/2237 kJ, 37 g E, 28 g F, 34 g KH

FÜR 4 PORTIONEN

600 g Rinderhack
50 g Haferflocken
2 El Ketchup
2 El Milch
1 El Dijonsenf
1 Ei
Salz
Pfeffer
½ Tl getrockneter Oregano
2 El Öl
1 Zwiebel
4 Hamburger-Brötchen
2 El Butter
Ketchup zum Servieren

1 Das Rinderhack mit Haferflocken, 2 El Ketchup, Milch, Senf und Ei zu einem Teig vermengen und gut durchkneten. Mit Salz, Pfeffer und Oregano kräftig würzen.

2 Aus dem Teig 4 gleich große Fleischfladen formen. Das Öl in einer Pfanne erhitzen und die Fladen darin von beiden Seiten gut an braten, dann bei geringerer Temperatur etwa 7 Minuten garen.

3 Die Zwiebel schälen und in Ringe schneiden. Kurz vor Ende der Garzeit auf die Burger legen und kurz mitgaren. Die Brötchen halbieren und mit Butter bestreichen, dann unter dem Grill rösten.

4 In je 1 Brötchen 1 Fleischburger hineinlegen, mit Zwiebelringen belegen und mit Ketchup servieren. Nach Belieben mit Tomatenscheiben und Salatblättern dekorieren.

TIPP!!

Auch kross gebratener Bacon schmeckt lecker auf einem Burger. Mit je 1 Scheibe Käse wird er zum Cheeseburger.

Pizza Vesuvio

Zubereitungszeit ca. 30 Minuten | plus Ruhe- und Backzeit ca. 1 Stunde 20 Minuten | fertig in ca. 1 Stunde 50 Minuten
Aufwand hoch | pro Pizza ca. 453 kcal/1897 kJ, 14 g E, 15 g F, 64 g KH

FÜR 1 RUNDES PIZZABLECH

250 g Mehl
½ P. Trockenhefe
Salz
Pfeffer
5 El Olivenöl
2 Zwiebeln
2 Knoblauchzehen
400 g Pizzatomaten (aus der Dose)
½ Tl Zucker
½ Tl getrockneter Oregano
50 g geriebener Pecorino
1 rote Paprikaschote
50 g Gorgonzola
½ rote Chilischote
2 El Kräuteröl
Fett für die Form

1 Aus Mehl, Hefe, 100 ml lauwarmem Wasser, 1 Msp. Salz und 4 El Olivenöl einen Hefeteig kneten. Den Teig in eine Schüssel legen, mit einem Tuch bedecken und an einem warmen Ort etwa 1 Stunde gehen lassen.

2 Zwiebeln und Knoblauch schälen und hacken, in 1 El heißem Olivenöl andünsten. Tomaten zugeben, mit Salz, Pfeffer, Zucker sowie Oregano würzen und etwas einkochen, sodass eine sämige Tomatensauce entsteht. Inzwischen die Paprikaschote putzen, waschen, von den Trennhäuten befreien und in Streifen schneiden.

3 Den Backofen auf 220 °C (Umluft 200 °C) vorheizen. Den Teig ausrollen und in geölte Pizzableche legen, einen Rand formen. Die Tomatensauce daraufstreichen. 25 g Pecorino darüberstreuen. Die Paprikaschote in Streifen darauflegen, den Gorgonzola fein würfeln, die Chilischote fein hacken. Alles auf die Pizza legen. Mit restlichem Pecorino bestreuen und mit Kräuteröl beträufeln. Im Ofen etwa 20 Minuten backen.

Diese Pizza können Sie natürlich, was den Belag angeht, nach Belieben variieren!

Rheinische Schnibbelbohnen

Zubereitungszeit ca. 30 Minuten | plus Kochzeit ca. 25 Minuten | fertig in ca. 55 Minuten
Aufwand mittel | pro Portion ca. 1090 kcal/4490 kJ, 17 g E, 104 g F, 25 g KH

FÜR 4 PORTIONEN

500 g rheinische Schneidebohnen
600 g mehligkochende Kartoffeln
200 g fetter Speck
1 Zwiebel
200 g durchwachsener Speck
1 El Butter
½ Tl getrocknetes Bohnenkraut
1 Prise Zucker
4 Mettwürste
Salz
Pfeffer

1 Die Bohnen in ein Sieb gießen und mit kaltem Wasser abbrausen. Abtropfen lassen. Die Kartoffeln waschen, schälen, vierteln und in einen Topf mit wenig gesalzenem Wasser geben. In etwa 20–25 Minuten weich kochen.

2 In der Zwischenzeit den fetten Speck würfeln. Zwiebel schälen und fein hacken. Durchwachsenen Speck in Scheiben schneiden.

3 Den fetten Speck in einem großen Topf bei niedriger Hitze auslassen. Die ausgelassenen Fettwürfel herausnehmen und beiseitestellen. Butter zu dem Speckfett in den Topf geben und die Zwiebel und den durchwachsenen Speck darin anbraten. Die Bohnen dazugeben und soviel heißes Wasser angießen, dass die Bohnen bedeckt sind. Bohnenkraut und 1 Prise Zucker zufügen.

4 Die Bohnen zugedeckt bei niedriger Hitze ca. 25 Minuten köcheln lassen. Etwa 10–15 Minuten vor Ende der Garzeit die Mettwürste auf die Bohnen legen und zugedeckt gar ziehen lassen.

5 Kartoffeln mit dem Kartoffelstampfer grob zerstampfen. Mettwürste aus dem Topf nehmen und die zerstampften Kartoffeln unter die Bohnen rühren. Mit Salz und Pfeffer abschmecken und mit den Mettwürsten servieren.

TIPP!!

Die rheinischen Schneidebohnen bekommt man im Beutel in der Kühltheke des Supermarktes.

DEFTIGES & KLASSIKER

Rinderrouladen mit Rotweinsauce

Zubereitungszeit ca. 45 Minuten | plus Schmorzeit ca. 1 Stunde 15 Minuten | fertig in ca. 2 Stunden
Aufwand hoch | pro Portion ca. 295 kcal/1239 kJ, 40 g E, 10 g F, 6 g KH

FÜR 4 PORTIONEN

2 Schalotten
4 Gewürzgurken
4 Rinderrouladen
Salz
Pfeffer
4 Tl scharfer Senf
4 Scheiben Frühstücksspeck
1 Tl getrockneter Thymian
1 Bund Suppengrün
50 g Räucherspeck
2 El Butterschmalz
2 Lorbeerblätter
400 ml trockener Rotwein
400 ml Fleischbrühe
3 El Mehl
saure Sahne nach Belieben

1 Die Schalotten schälen und in dünne Ringe schneiden. Die Gurken in dünne Streifen schneiden. Das Fleisch waschen, trocken tupfen und auf einer sauberen Arbeitsfläche ausbreiten.

2 Die Rouladen mit Salz und Pfeffer würzen und mit je 1 Tl Senf bestreichen. Dann je 1 Scheibe Frühstücksspeck auf jede Roulade legen. Thymian darüberstreuen, Schalottenringe und Gurkenstreifen darauflegen und die Rouladen zusammenrollen. Mit Rouladennadeln feststecken.

3 Das Suppengrün putzen, waschen, Sellerie und Möhren schälen und alles klein schneiden. Den Speck fein würfeln. Das Butterschmalz in einem Bräter erhitzen und die Rouladen darin kräftig anbraten. Aus dem Bräter nehmen, Gemüse und Speck hineingeben und anschmoren. Die Rouladen mit den Lorbeerblättern zurück in den Topf geben. Wein und Brühe angießen und alles abgedeckt bei niedriger Hitze ca. 1 Stunde 15 Minuten schmoren.

4 Rouladen aus dem Topf nehmen und bei 60 °C im Backofen warm stellen. Den Bratfond durch ein Sieb gießen, zurück in den Bräter geben und aufkochen. Das Mehl in 150 ml Wasser glatt rühren und den Fond damit andicken. Mit Salz und Pfeffer abschmecken. Nach Belieben mit saurer Sahne verfeinern. Die Rouladen in der Sauce servieren. Dazu schmecken Klöße, Kartoffeln oder Nudeln.

Wie bei Muttern

86 DEFTIGES & KLASSIKER

Gefüllte Paprika mit Hackfleisch

Zubereitungszeit ca. 30 Minuten | plus Schmorzeit ca. 30 Minuten | fertig in ca. 1 Stunde
Aufwand mittel | pro Portion ca. 530 kcal/2226 kJ, 32 g E, 21 g F, 53 g KH

FÜR 4 PORTIONEN

- 4 große gelbe Paprikaschoten
- 2 Zwiebeln
- 2 Knoblauchzehen
- 2 El Butter
- 1 El getrockneter Majoran
- 150 g durchwachsener Speck
- 300 g gemischtes Hackfleisch
- 1 Ei
- 50 g Paniermehl
- Salz
- Pfeffer
- 1 Tl scharfer Senf
- 200 ml Gemüsebrühe
- 2 El Mehl
- 125 ml pürierte Tomaten (aus der Dose)
- 1 El frisch gehacktes Basilikum

1 Von den Paprikaschoten oben einen Deckel abschneiden. Die Schoten von Kernen befreien und waschen. Zwiebeln und Knoblauch schälen und hacken. Butter in einer Pfanne erhitzen und je 1 Zwiebel und Knoblauchzehe darin andünsten. Majoran kurz mitschmoren.

2 Speck würfeln. Mit der Pfannenmischung in einer Schüssel verrühren. Hackfleisch, restliche Zwiebeln und restlichen Knoblauch, Ei, Paniermehl, Salz, Pfeffer und Senf zugeben und daraus eine homogene Masse herstellen. Den Backofen auf 180 °C (Umluft 160 °C) vorheizen.

3 Die Hackfleischmasse in die Paprikaschoten füllen, die Paprikadeckel auflegen. Die Schoten in eine Auflaufform setzen, die Brühe angießen und alles etwa 30 Minuten im Ofen schmoren.

4 Die Paprikaschoten aus der Form nehmen und warm stellen. Das Mehl in die Schmorflüssigkeit rühren und diese damit binden. Tomatenpüree einrühren, aufkochen und mit Salz und Pfeffer abschmecken. Basilikum unterheben. Zu den Paprika servieren. Dazu passen Reis oder Reisnudeln.

TIPP!!
Ein Teil des Hackfleisches kann auch durch gekochten Reis ersetzt werden.

DEFTIGES & KLASSIKER

Bohnentopf mit Schweinefilet

Zubereitungszeit **ca. 20 Minuten** | plus Garzeit **ca. 30 Minuten** | fertig in **ca. 50 Minuten**
Aufwand **mittel** | pro Portion ca. 322 kcal/1352 kJ, 26 g E, 11 g F, 30 g KH

FÜR 4 PORTIONEN

750 g grüne Bohnen
600 g kleine Kartoffeln
300 g Schweinefilet
1 Zwiebel
3 El Öl
150 ml Fleischbrühe
½ Bund Bohnenkraut
Salz

1 Die Bohnen putzen, waschen und in Stücke schneiden. Die Kartoffeln schälen, waschen und der Länge nach halbieren. Das Schweinefilet in Würfel schneiden. Die Zwiebel schälen und fein würfeln.

2 Das Öl in einem großen Topf erhitzen und das Fleisch darin anbraten. Aus dem Topf nehmen. Die Kartoffeln und die Zwiebel im Bratfett leicht braten, bis sie Farbe angenommen haben.

3 Bohnen, Fleisch und Brühe dazugeben, alles aufkochen lassen und ca. 30 Minuten garen. Das Bohnenkraut waschen, trocken tupfen, fein hacken und kurz vor Ende der Garzeit in den Eintopf geben. Den Bohnentopf mit Salz abschmecken und servieren.

TIPP!!

Mit tiefgekühlten grünen Bohnen spart man sich ein wenig Arbeit, ohne dass der Geschmack stark leidet. Dann jedoch die Bohnen erst ca. 15 Minuten vor Ende der Garzeit zugeben und kurz die Temperatur erhöhen.

Für besondere Anlässe

Rindercarpaccio mit Sprossen

Zubereitungszeit ca. 20 Minuten | plus Gefrierzeit ca. 1 Stunde | fertig in ca. 1 Stunde 20 Minuten
Aufwand gering | pro Portion ca. 622 kcal/2612 kJ, 48 g E, 47 g F, 1 g KH

FÜR 4 PORTIONEN

400 g Rindfleisch aus der Hüfte
400 g Tiroler Bergkäse
100 g Radieschensprossen
150 g Rucola
3 El Olivenöl
2 El Aceto balsamico
Salz
Pfeffer
1 El frisch gehackte glatte Petersilie

1 Das Rindfleisch in sehr dünne Scheiben schneiden. Dazu das Fleisch vor dem Schneiden für 1 Stunde in den Gefrierschrank legen. Den Käse in feine Würfel schneiden. Die Sprossen und den Rucola waschen und trocken schütteln.

2 Die Rindfleischscheiben auf einen Teller legen. Den Rucola und die Sprossen darüber verteilen und mit den Käsewürfeln belegen.

3 Das Olivenöl mit dem Essig verrühren, mit Salz und Pfeffer würzen und mit der Petersilie mischen. Das Dressing über das Carpaccio träufeln. Dazu frisches Bauernbrot reichen.

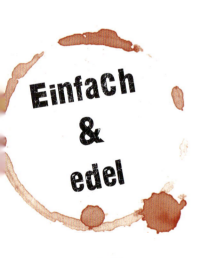

Einfach & edel

TIPP!!

Auch mit Schweineschnitzel schmeckt dieses Rezept. Dann heißt es allerdings „Schnitzel Wiener Art", nicht „Wiener Schnitzel".

Wiener Schnitzel

Zubereitungszeit ca. 30 Minuten
Aufwand mittel | pro Portion ca. 400 kcal/1670 kJ, 37 g E, 15 g F, 27 g KH

FÜR 4 PORTIONEN

4 Kalbsschnitzel (à 150 g)
4 El Mehl
100 g Paniermehl
2 Eier
Salz
Pfeffer
20 g Butter
100 ml Rapsöl
1 unbehandelte Zitrone

1 Die Kalbsschnitzel unter kaltem Wasser abbrausen und trocken tupfen. Die Schnitzel zwischen Klarsichtfolie legen und mit einem Fleischklopfer oder einer Kasserolle flach klopfen.

2 Das Mehl und das Paniermehl jeweils auf einen flachen Teller geben. Die Eier in einem tiefen Teller verquirlen. Die Schnitzel von beiden Seiten salzen und pfeffern, dann zuerst im Mehl wenden, danach durch die Eiermasse ziehen und zum Schluss im Paniermehl wenden.

3 Die Butter mit dem Öl in einer großen Pfanne erhitzen und die Kalbsschnitzel von beiden Seiten jeweils 2–3 Minuten goldgelb braten. Dabei immer wieder etwas Fett aus der Pfanne über die Schnitzel schöpfen, so entsteht die schön gewölbte Kruste. Bereits fertig gebratene Kalbsschnitzel im Ofen bei 50 °C warm halten.

4 Die Zitrone waschen und mit dem Geschirrtuch trocken reiben, dann in Viertel oder Achtel schneiden. Die Schnitzel mit Zitronenachteln servieren. Dazu passen Bratkartoffeln, Pommes frites oder lauwarmer Kartoffelsalat.

Spaghetti Bolognese

Zubereitungszeit ca. 30 Minuten | plus Schmor- und Kochzeit ca. 30 Minuten | fertig in ca. 1 Stunde
Aufwand mittel | pro Portion ca. 733 kcal/3079 kJ, 41 g E, 28 g F, 76 g KH

FÜR 4 PORTIONEN

- 1 Zwiebel
- 1 Knoblauchzehe
- 75 g durchwachsener Speck
- 1 Möhre
- ½ Stange Staudensellerie
- 2 El Olivenöl
- 400 g gemischtes Hackfleisch
- 100 ml Brühe
- Salz
- Pfeffer
- 100 ml Milch
- 1 Tl frisch gehackter Oregano
- 1 El Zucker
- 400 g gehackte Tomaten (aus der Dose)
- 400 g Spaghetti
- 50 g frisch geriebener Parmesan
- Thymian zum Garnieren

1 Zwiebel und Knoblauch schälen und hacken. Den Speck würfeln. Die Möhre schälen, Staudensellerie putzen, waschen und beides würfeln. Speck im heißen Öl auslassen. Erst das Gemüse, dann das Hackfleisch zugeben und unter Rühren gut anbraten.

2 Brühe angießen und die Mischung köcheln lassen, bis die Flüssigkeit verkocht ist. Mit Salz und Pfeffer würzen. Milch unterrühren und die Sauce sämig einkochen. Oregano, Zucker und Tomaten einrühren und die Sauce etwa 30 Minuten bei geringer Temperatur sanft kochen lassen.

3 Die Spaghetti nach Packungsanweisung bissfest garen. Abgießen und abtropfen lassen. Auf Teller geben, die Sauce darüber verteilen, mit Parmesan bestreuen und mit Thymian garniert servieren.

TIPP!!

Noch aromatischer wird die Sauce, wenn nach dem Anbraten mit einem Glas Rotwein abgelöscht wird und die Sauce etwas länger, gerne 1 Stunde, köchelt.

Risotto mit Steinpilzen

Zubereitungszeit ca. 40 Minuten
Aufwand mittel | pro Portion ca. 498 kcal/2092 kJ, 14 g E, 12 g F, 80 g KH

FÜR 4 PORTIONEN

250 g frische Steinpilze
   (oder 50 g getrocknete)
1 Zwiebel
3 El Butter
400 g Risottoreis
50 ml Weißwein
1 l heiße Gemüsebrühe
Salz
Pfeffer
50 g Parmesan
2 El frisch gehackte Petersilie

1 Frische Steinpilze putzen und klein schneiden (getrocknete Pilze in 200 ml Wasser einweichen). Die Zwiebel schälen und hacken. 2 El Butter in einer Pfanne erhitzen und Zwiebel und Steinpilze darin anschmoren. Den Risottoreis zugeben und unter Rühren weiterschmoren, bis der Reis leicht glasig wird.

2 Erst den Weißwein zugeben und einkochen lassen, dann 1 Kelle von der Gemüsebrühe (bzw. 750 ml Brühe und dem Pilzeinweichwasser) zugeben. Rühren, bis der Reis die Flüssigkeit fast aufgesogen hat, dann noch 1–2 Kellen Brühe zugießen. So weiterverfahren, bis die Brühe aufgebraucht und der Reis cremig ist. Mit Salz und Pfeffer würzen.

3 Den Parmesan reiben und mit der restlichen Butter und der Petersilie unter das Risotto heben. Sofort servieren.

TIPP!! Es ist wichtig, für dieses Rezept wirklich Risottoreis zu nehmen, anderer Reis wird nicht so schön cremig.

Rehsteak mit Feigen

Zubereitungszeit ca. 30 Minuten

Aufwand mittel | pro Portion ca. 320 kcal/1344 kJ, 23 g E, 17 g F, 8 g KH

FÜR 4 PORTIONEN

4 Rehsteaks (à 100 g)
2 El Butterschmalz
Salz
Pfeffer
200 ml Weißwein
3 El Feigenkonfitüre
150 ml Sahne
2 Feigen

1 Die Rehsteaks waschen und trocken tupfen. Im heißen Butterschmalz von beiden Seiten etwa 3 Minuten braten. Mit Salz und Pfeffer würzen und bei 50 °C im Ofen warm stellen.

2 Den Bratfond mit dem Weißwein ablöschen, die Feigenkonfitüre einrühren und alles etwas einkochen lassen. Die Sahne zugeben und die Sauce mit Salz und Pfeffer abschmecken.

3 Die Feigen waschen und in Scheiben schneiden. Die Steaks mit jeweils ½ in Scheiben geschnittenen Feige belegen und die Sauce dazu reichen. Als Beilage schmecken Bratkartoffeln.

Lammrückenfilet mit Bärlauchkruste

Zubereitungszeit ca. 30 Minuten
Aufwand mittel | pro Portion ca. 355 kcal/1489 kJ, 18 g E, 21 g F, 24 g KH

FÜR 4 PORTIONEN

200 g frische Bärlauchblätter
200 g Pinienkerne
200 ml Olivenöl
Salz
Pfeffer
1 Eiweiß
50 g Paniermehl
600 g Lammrückenfilet

1 Die Bärlauchblätter waschen und trocken tupfen. Mit den Pinienkernen, 180 ml Olivenöl, Salz und Pfeffer in einen Mixer geben und pürieren. Das Eiweiß hinzufügen und alles noch einmal gut durchrühren. Mit dem Paniermehl binden.

2 Das Lammrückenfilet waschen, trocken tupfen und mit Salz und Pfeffer würzen. Das restliche Öl in einer Pfanne erhitzen und das Filet darin von beiden Seiten etwa 3 Minuten braten.

3 Den Backofen auf 220 °C vorheizen. Das Filet etwa 1 cm dick mit der Bärlauchpaste bestreichen und nur mit Oberhitze im Ofen goldgelb überbacken. In Scheiben schneiden und mit grünen Bohnen servieren.

Würzig & fein

FÜR BESONDERE ANLÄSSE

Rinderfilet mit Bohnen in Sherrysauce

Zubereitungszeit ca. 30 Minuten | plus Schmorzeit ca. 35 Minuten | fertig in ca. 1 Stunde
Aufwand mittel | pro Portion ca. 582 kcal/2444 kJ, 58 g E, 32 g F, 8 g KH

FÜR 4 PORTIONEN

1 kg Rinderfilet
Salz
Pfeffer
1 Tl Kreuzkümmel
2 El Olivenöl
1 Knoblauchzehe
50 g Gruyère
20 g gehackte Mandeln
1 El Senf
750 g grüne Bohnen
½ Bund Bohnenkraut
2 Schalotten
100 ml Sherry
1 Prise Cayennepfeffer

1 Das Rinderfilet waschen, trocken tupfen und mit Salz, Pfeffer und Kreuzkümmel einreiben. Das Olivenöl in einem Bräter erhitzen und das Filet darin von allen Seiten gut anbraten.

2 Den Ofen auf 200 °C (Umluft 180 °C) vorheizen. Die Knoblauchzehe schälen und zerdrücken, Gruyère reiben und beides mit den Mandeln und dem Senf zu einer Paste vermengen. Die Oberseite des Filets damit einstreichen.

3 Die Bohnen putzen, waschen und ca. 3 Minuten in Salzwasser blanchieren. Dann abgießen und abtropfen lassen. Bohnenkraut waschen und trocken schütteln. Die Schalotten schälen und vierteln. Alles zum Fleisch geben und den Sherry dazugießen. Abgedeckt im Ofen etwa 20 Minuten schmoren, dann ohne Deckel weitere 15 Minuten.

4 Bohnenkraut entfernen und die Sauce mit Salz und etwas Cayennepfeffer abschmecken. Das Rinderfilet mit den grünen Bohnen und der Sauce servieren.

Macht viel her!

Hähnchnkeulen mit Oliven

Zubereitungszeit ca. 25 Minuten | plus Schmorzeit ca. 45 Minuten | fertig in ca. 1 Stunde 10 Minuten
Aufwand mittel | pro Portion ca. 462 kcal/1940 kJ, 31 g E, 29 g F, 11 g KH

FÜR 4 PORTIONEN

4 Hähnchenkeulen
80 g schwarze Oliven ohne Stein
Salz
Pfeffer
4 El Olivenöl
1 kg Tomaten
2 Zwiebeln
½ Bund Basilikum
2 Knoblauchzehen
150 ml Rotwein
3 El Tomatenmark
1 El Honig

1 Die Hähnchenkeulen waschen, trocken tupfen und die Haut leicht ablösen. 40 g Oliven in Scheiben schneiden, unter die Haut stecken und die Keulen mit Salz und Pfeffer würzen.

2 2 El Olivenöl in einem Bräter erhitzen und die Keulen darin kräftig anbraten, dann herausnehmen. Den Ofen auf 200 °C (Umluft 180 °C) vorheizen. Die Tomaten waschen, trocknen, Stielansätze entfernen und Fruchtfleisch in Scheiben schneiden. Die Zwiebeln schälen und in Ringe schneiden.

3 Die Mischung in den Bräter geben, mit Salz und Pfeffer würzen. Basilikum waschen, trocken schütteln und die Blättchen in Streifen schneiden. Über der Zwiebel-Tomaten-Mischung verteilen und das restliche Olivenöl darüberträufeln. Die Hähnchenkeulen darauflegen und die restlichen Oliven darauf verteilen.

4 Den Hähnchentopf im Ofen etwa 45 Minuten schmoren. Knoblauchzehen schälen und zerdrücken, mit Rotwein, Tomatenmark und Honig verrühren und die Mischung nach 25 Minuten Garzeit über die Keulen gießen. Die Hähnchenkeulen mit frischem Weißbrot servieren.

TIPP!!

Achten Sie darauf, dass das Fleisch wirklich durchgegart ist, im Zweifel lieber etwas länger im Ofen lassen. Rohes Geflügelfleisch kann Salmonellen enthalten und dadurch gesundheitsschädlich sein.

Thai-Wok

Zubereitungszeit ca. 40 Minuten
Aufwand mittel | pro Portion ca. 380 kcal/1590 kJ, 31 g E, 5 g F, 53 g KH

FÜR 4 PORTIONEN

200 g Basmatireis
Salz
1 Stück Ingwer (2 cm lang)
2 Knoblauchzehen
400 g Hähnchenbrustfilet
3 El Zitronensaft
3 El Sojasauce
200 g Zuckerschoten
2 rote Paprikaschoten
6 Zweige Koriander
1 El Rapsöl
schwarzer Pfeffer

1 Den Reis in der doppelten Menge Wasser (400 ml) aufkochen, salzen und nach Packungsangabe in etwa 15 Minuten bissfest garen. Das Wasser sollte nach dem Garen komplett vom Reis aufgesogen sein.

2 Inzwischen den Ingwer und den Knoblauch schälen und beides fein hacken. Die Hähnchenbrustfilets unter kaltem Wasser abbrausen und trocken tupfen. Das Fleisch in dünne Streifen schneiden und mit Ingwer, Knoblauch, Zitronensaft und Sojasauce vermengen.

3 Die Zuckerschoten waschen und trocken tupfen. Die Enden entfernen und die Schoten halbieren oder dritteln. Etwas gesalzenes Wasser zum Kochen bringen und die Schoten darin 3 Minuten garen, auf ein Sieb geben und mit kaltem Wasser abschrecken.

4 Die Paprika waschen, halbieren, Stielansätze herausschneiden, Trennwände und Kerne herauslösen und das Fruchtfleisch in mundgerechte Stücke schneiden. Den Koriander waschen und mit Küchenkrepp trocken tupfen. Die Blättchen von den Stielen zupfen und fein hacken.

5 Das Öl in einem Wok oder einer großen beschichteten Pfanne erhitzen, das Fleisch mit der Marinade unter Rühren darin von allen Seiten goldbraun braten. Zuckerschoten und Paprika hinzugeben und alles weitere 3 Minuten braten. Zum Schluss den Reis unterheben und das Ganze mit Salz, Pfeffer und Koriander abschmecken.

Maishähnchen mit Estragon-Senf-Sauce

Zubereitungszeit ca. 35 Minuten
Aufwand mittel | pro Portion ca. 420 kcal/1764 kJ, 39 g E, 24 g F, 8 g KH

FÜR 4 PORTIONEN

350 g Brokkoli
350 g Romanesco
Salz
3 Schalotten
2 Stiele Estragon
2 Maishähnchenbrüste mit Haut (à ca. 400 g)
2 El Öl
2 El Butter
1 El Mehl
400 ml Geflügelfond
3 Tl Dijonsenf
2 El Crème fraîche
Pfeffer
3 El Mandelblättchen
Streifen aus der Orangenschale zum Garnieren

1 Brokkoli und Romanesco putzen, waschen, in kleine Röschen teilen und zugedeckt in wenig kochendem Salzwasser 8–10 Minuten garen. Schalotten schälen und fein würfeln. Estragon waschen, trocken schütteln, Blättchen abzupfen, etwas zum Garnieren beiseitestellen, den Rest fein hacken.

2 Hähnchenbrüste samt Haut vom Knochen schneiden, waschen und trocken tupfen. Öl in einer Pfanne erhitzen. Hähnchenbrüste darin von allen Seiten 6–8 Minuten braten, salzen, herausnehmen und bei 60 °C im Ofen warm stellen.

3 1 El Butter im Bratfett erhitzen. Schalotten darin andünsten, mit Mehl bestäuben und goldgelb anschwitzen. Fond unter ständigem Rühren angießen. Sauce aufkochen und ca. 5 Minuten köcheln. Estragon, Senf und Crème fraîche in die Sauce rühren. Mit Salz und Pfeffer abschmecken.

4 Mandeln in einer Pfanne ohne Fett goldgelb rösten. 1 El Butter zufügen und schmelzen. Brokkoli und Romanesco abtropfen lassen und darin schwenken. Alles anrichten. Mit Orangenschale und restlichem Estragon garnieren. Dazu passen Baguette oder Reis.

TIPP!!

Maishähnchen sind Hähnchen, die nur mit Mais gefüttert werden. Das macht das Fleisch gelblich und gibt einen feineren Geschmack.

Coq au vin

Zubereitungszeit ca. 30 Minuten | plus Marinierzeit ca. 12 Stunden | plus Schmorzeit ca. 30 Minuten | fertig in ca. 13 Stunden
Aufwand hoch | pro Portion ca. 610 kcal/2562 kJ, 62 g E, 33 g F, 11 g KH

FÜR 4 PORTIONEN

- 1 küchenfertiges Huhn (ca. 1,2 kg)
- 3 Schalotten
- 3 Möhren
- 50 g Knollensellerie
- 1 kleine Lauchstange
- 1 Lorbeerblatt
- 10 Pfefferkörner
- 1 Thymianzweig
- 1 Knoblauchzehe
- 500 ml Rotwein
- 3 El Olivenöl
- 1 El Tomatenmark
- 2 El Maisstärke
- Salz
- Pfeffer

1 Das Huhn waschen und trocken tupfen, dann in 4–8 Teile schneiden. Schalotten, Möhren und Sellerie schälen und würfeln, den Lauch putzen, waschen und in Ringe schneiden.

2 Die Hähnchenteile mit dem Gemüse, dem Lorbeerblatt, den Pfefferkörnern, dem Thymianzweig und der Knoblauchzehe in ein Gefäß geben. Mit dem Rotwein bedecken und über Nacht kühl stellen.

3 Am nächsten Tag die Hähnchenteile aus der Marinade nehmen, mit Küchenpapier abtupfen. Den Backofen auf 200 °C (Umluft 180 °C) vorheizen.

4 Das Öl in einem Bräter erhitzen und die Hähnchenteile darin gut anbraten, das Gemüse aus der Marinade und das Tomatenmark zugeben, kurz schmoren, dann mit etwas Marinade ablöschen. Wenn die Flüssigkeit eingekocht ist, mit der Maisstärke bestäuben und die restliche Marinade angießen. Abgedeckt im Ofen etwa 30 Minuten schmoren.

5 Die Hähnchenteile aus dem Topf nehmen, die Sauce auf dem Herd etwas einkochen lassen. Lorbeerblatt, Thymian und Knoblauch herausnehmen. Mit Salz und Pfeffer würzen. Hähnchenfleisch von den Knochen lösen und in die Sauce geben. Das Coq au vin mit einem grünen Salat und Baguette servieren.

TIPP!!
Es lohnt sich, einen guten Rotwein zu verwenden, den Sie zum Essen dann auch trinken.

Saté-Spieße

Zubereitungszeit ca. 35 Minuten | plus Marinierzeit ca. 1 Stunde | fertig in ca. 1 Stunde 35 Minuten
Aufwand mittel | pro Portion ca. 210 kcal/ 880 kJ, 31 g E, 7 g F, 5 g KH

FÜR 4 PORTIONEN

1 Stück Ingwer (ca. 3 cm)
1 Knoblauchzehe
125 ml ungesüßte Kokosmilch
1 El brauner Zucker
1 Tl gemahlener Kurkuma
1 Tl Kreuzkümmel
3 El helle Sojasauce
Salz
schwarzer Pfeffer
1 Bund Koriander
500 g Hühnerbrustfilet

1 Den Ingwer schälen, zunächst in dünne Scheiben, dann in kleine Würfel schneiden. Den Knoblauch abziehen und sehr fein hacken. Die Kokosmilch in einer Schüssel mit Ingwer, braunem Zucker, Kurkuma, Kreuzkümmel und der Sojasauce vermischen, mit Salz und Pfeffer würzen. Den Koriander waschen und mit Küchenkrepp trocken tupfen. Die Blättchen von den Stielen zupfen und mit einem großen Küchenmesser fein hacken. Ebenfalls zur Kokosmilch geben.

2 Die Hühnerbrustfilets unter kaltem Wasser abbrausen, trocken tupfen und in dünne Scheiben schneiden. Das Fleisch wellenförmig auf Schaschlikspieße stecken und mit der Marinade übergießen. Abgedeckt für mindestens 1–2 Stunden kühl stellen, dabei mehrmals wenden und mit der Marinade bestreichen.

3 Nach der Marinierzeit die Saté-Spieße aus der Marinade nehmen, kurz abtropfen lassen und auf dem elektrischen Grill von beiden Seiten 2–3 Minuten grillen. Die Zubereitung gelingt auch im Backofen. Hierfür den Grill nach Anleitung vorheizen und die Spieße auf dem Rost auf der obersten Schiene grillen. Dabei nach 2–3 Minuten wenden. Die Spieße mit einer asiatischen Sauce, z. B. Erdnusssauce, servieren.

TIPP!!
Mit Basamtireis serviert wird daraus eine ganze Mahlzeit.

FÜR BESONDERE ANLÄSSE

Entenbrust mit Granatapfelsauce

Zubereitungszeit ca. 40 Minuten | plus Bratzeit ca. 12 Minuten | fertig in ca. 50 Minuten
Aufwand mittel | pro Portion ca. 620 kcal/2604 kJ, 29 g E, 35 g F, 47 g KH

FÜR 4 PORTIONEN

- 2 Entenbrustfilets
- 4 Schalotten
- 3 El Öl
- Salz
- Pfeffer
- 50 g gehackte Mandeln
- 200 ml Geflügelfond
- 200 ml Granatapfelsirup
- 1 Granatapfel

1 Die Entenbrustfilets waschen, trocken tupfen und die Haut rautenförmig einschneiden. Die Schalotten schälen und in Ringe schneiden.

2 2 El Öl erhitzen und die Entenbrüste auf der Hautseite zuerst 6 Minuten scharf anbraten. Salzen und pfeffern, wenden und auf der anderen Seite ebenfalls 6 Minuten bei geringerer Temperatur braten. Die Entenbrüste aus der Pfanne nehmen, in Alufolie wickeln und 10 Minuten im ca. 50 °C warmen Backofen ruhen lassen.

3 Das restliche Öl im Entenbratfond erhitzen und die Schalotten darin glasig schmoren. Die Mandeln zugeben und alles mit Geflügelfond ablöschen. Den Granatapfelsirup einrühren und die Sauce etwas einkochen.

4 Den Granatapfel halbieren und die Kerne herauslösen. Die Sauce mit Salz und Pfeffer abschmecken und die Granatapfelkerne unterheben. Die Entenbrustfilets aus dem Ofen nehmen, in Scheiben schneiden und mit der Granatapfelsauce servieren. Dazu passen Reis oder Brot.

TIPP!!

Granatapfel entkernen: Eine große Schüssel mit Wasser füllen. Den Granatapfel aufschneiden und unter Wasser in kleine Teile brechen, dann fallen die Kerne fast von selbst heraus bzw. lassen sich leicht lösen. Die Kerne sinken auf den Boden der Schüssel.

Saltimbocca alla romana

Zubereitungszeit ca. 30 Minuten
Aufwand mittel | pro Portion ca. 360 kcal/1512 kJ, 44 g E, 14 g F, 1 g KH

FÜR 4 PORTIONEN

4 große, dünn geschnittene Kalbsschnitzel (à 180 g)
frisch gemahlener schwarzer Pfeffer
12 hauchdünne Scheiben roher Schinken
12 Salbeiblättchen
3 El Butter
1 El eiskalte Butter in Flöckchen
Salz
125 ml trockener Weißwein

1 Die Kalbsschnitzel waschen, trocken tupfen und jeweils in 3 gleich große Stücke teilen. Das Fleisch flacher klopfen und leicht pfeffern. Auf jedes Schnitzel 1 Scheibe Schinken und 1 Salbeiblättchen legen und diese mit Holzspießchen flach am Schnitzel feststecken.

2 In einer Pfanne 3 El Butter zerlassen. Das Fleisch von jeder Seite ca. 2–3 Minuten braten. Leicht salzen, nochmals pfeffern und aus der Pfanne nehmen. Abgedeckt bei etwa 50 °C im Ofen warm halten.

3 Den Bratensatz mit dem Wein ablöschen, etwa 2 Minuten kräftig aufkochen. Mit dem Schneebesen die eiskalte Butter in die Sauce rühren. Abschmecken und die Schnitzel in der Sauce nochmals kurz ziehen lassen. Dazu passen ein frischer grüner Salat und Nudeln oder Brot.

TIPP!!

Saltimbocca alla romana ist ein echter Klassiker der römischen Küche. Wörtlich übersetzt bedeutet der Name „Spring in den Mund" – und tatsächlich sind die kleinen Schnitzel so lecker, dass man den Mund gerne offen lässt!

Involtini

Zubereitungszeit ca. 20 Minuten | plus Schmorzeit ca. 20 Minuten | fertig in ca. 40 Minuten
Aufwand mittel | pro Portion ca. 353 kcal/1482 kJ, 38 g E, 16 g F, 6 g KH

FÜR 4 PORTIONEN

8 kleine Kalbsschnitzel
Salz
Pfeffer
50 g luftgetrockneter Schinken
100 g gehackte Hähnchenleber
je 1 El frisch gehackte Petersilie und frisch gehackter Thymian
1 Knoblauchzehe
3 El frisch geriebener Parmesan
3 El Mehl
5 El Butter
200 ml trockener Weißwein

1 Die Kalbsschnitzel flach klopfen, salzen und pfeffern. Den Schinken fein würfeln und mit der Hähnchenleber und den Kräutern mischen. Die Knoblauchzehe schälen und hacken und mit dem geriebenen Parmesan unter die Fleischmischung rühren.

2 Die Schnitzel mit der Masse bestreichen, zusammenrollen und feststecken. Röllchen in Mehl wenden. Die Butter in einer Pfanne erhitzen und die Involtini von allen Seiten etwa 3 Minuten braten. Den Weißwein angießen und alles 20 Minuten schmoren. Mit Salz und Pfeffer nochmals abschmecken.

TIPP!!

Es lohnt sich immer, Parmesan frisch zu reiben – der fertig geriebene Tüten-Parmesan kann da nicht mithalten!

schlicht & edel

Jakobsmuscheln mit Speck

Zubereitungszeit ca. 25 Minuten
Aufwand gering | pro Portion ca. 223 kcal/936 kJ, 27 g E, 6 g F, 12 g KH

FÜR 4 PORTIONEN

24 frische Jakobsmuscheln mit Schale
24 dünne Scheiben Frühstücksspeck
Cayennepfeffer
1 unbehandelte Zitrone

1 Das weiße Muschelfleisch mit einem scharfen Messer vorsichtig aus der Schale lösen, ohne es zu beschädigen. Den Corail entfernen.

2 Jede Muschel fest mit 1 Scheibe Frühstücksspeck umwickeln. Je 3 Muschelpäckchen auf einen Metallspieß stecken.

3 Muschelspieße auf dem vorgeheizten Grill etwa 4 Minuten grillen. Mit Cayennepfeffer bestreuen und mit Zitronenachteln servieren. Dazu passen frisch geröstetes Knoblauchbrot und gegrillte Kirschtomaten.

FÜR BESONDERE ANLÄSSE

Lecker als feine Vorspeise

Scampi in Tomatensauce

Zubereitungszeit ca. 20 Minuten | plus Kochzeit ca. 20 Minuten | fertig in ca. 40 Minuten
Aufwand gering | pro Portion ca. 345 kcal/1449 kJ, 51 g E, 9 g F, 5 g KH

FÜR 4 PORTIONEN

1 Zwiebel
1 Knoblauchzehe
4 El Olivenöl
½ kleine Chilischote
2 Lorbeerblätter
100 g passierte Tomaten (aus der Dose)
1 kg Scampi, geschält und entdarmt
200 ml Weißwein
2 El frisch gehackte Petersilie

1 Zwiebel und Knoblauchzehe schälen und hacken und in dem erhitzten Olivenöl andünsten. Chilischote entkernen, hacken und mit den Lorbeerblättern und der Zwiebel mitschmoren. Die passierten Tomaten zugeben und alles etwa 10 Minuten köcheln.

2 Die Scampi waschen, trocken tupfen, in die Sauce geben und salzen. Weißwein angießen und abgedeckt etwa 10 Minuten köcheln. Nicht zu lange garen, sonst werden die Garnelen zäh. Mit gehackter Petersilie bestreut servieren. Dazu Weißbrot reichen.

Knoblauch-Scampi

Zubereitungszeit ca. 20 Minuten
Aufwand gering | pro Portion ca. 168 kcal/706 kJ, 13 g E, 11 g F, 4 g KH

FÜR 4 PORTIONEN

- 2 Knoblauchzehen
- 1 rote Chilischote
- 6 El Olivenöl
- 24 Scampi, geschält und entdarmt
- Salz
- Pfeffer
- 4 El Mehl

1 Knoblauchzehen schälen, Chilischote putzen und fein hacken. Beides im erhitzten Olivenöl 3 Minuten schmoren, bis es duftet. Aus der Pfanne nehmen.

2 Die Scampi waschen und trocken tupfen. Salzen und pfeffern. In Mehl wenden und im gewürzten Öl von jeder Seite etwa 2 Minuten braten. Heiß mit frischem Brot und Salat servieren.

Venusmuschel-Curry mit Auberginen

Zubereitungszeit ca. 35 Minuten
Aufwand mittel | pro Portion ca. 507 kcal/2123 kJ, 36 g E, 28 g F, 33 g KH

FÜR 4 PORTIONEN

- 2 kg Venusmuscheln in der Schale
- 8 Knoblauchzehen
- 12 kleine runde Thai-Auberginen, ersatzweise 4 europäische Auberginen
- 10 Kaffir-Limettenblätter, ersatzweise tiefgekühlt
- 5 Stängel Thai-Basilikum
- 6 El Öl
- 2 El gelbe Currypaste
- 8 El Fischsauce
- 4 El helle Sojasauce
- 4 Tl Zucker

1 Die Muscheln gründlich waschen, bereits geöffnete Exemplare entfernen. Den Knoblauch schälen und fein würfeln. Die Auberginen putzen, waschen und in ca. 2 cm große Würfel schneiden.

2 Limettenblätter waschen, trocken tupfen, die harte Mittelrippe herausschneiden und die Blätter in feine Streifen schneiden. Thai-Basilikum waschen, trocken schütteln und die Blättchen abzupfen.

3 Öl in einem Wok oder einem Topf erhitzen und den Knoblauch ca. 2 Minuten goldgelb anbraten. Dann die Currypaste unterrühren und kurz mitbraten. Die Muscheln hineingeben und unter ständigem Rühren alle restlichen Zutaten.

4 Das Curry 5–8 Minten garen. Wenn sich die Muscheln geöffnet haben, das Gericht auf vorgewärmte Schälchen verteilen. Dabei Muscheln, die sich nicht geöffnet haben, entfernen.

TIPP!!

Die vor dem Garen bereits geöffneten Muscheln müssen aussortiert werden, da sie verdorben sind. Ebenso ist es mit den Muscheln, die sich beim Garen nicht geöffnet haben: Auch sie sind nicht gut und müssen entsorgt werden.

FÜR BESONDERE ANLÄSSE 121

Gebratener Lachs auf Spargel

Zubereitungszeit ca. 40 Minuten
Aufwand mittel | pro Portion ca. 432 kcal/1814 kJ, 43 g E, 24 g F, 9 g KH

FÜR 4 PORTIONEN

600 g Lachsfilet
3 Knoblauchzehen
1 Bund glatte Petersilie
1 unbehandelte Limette
750 g weißer Spargel
750 g grüner Spargel
80 g Parmesan
Salz
3 El Olivenöl
20 g Pinienkerne
weißer Pfeffer

1 Lachsfilet waschen, trocken tupfen und in 4 Stücke schneiden. Knoblauch schälen und in Scheiben schneiden. Petersilie waschen, trocken tupfen und fein hacken. Limette waschen, abtrocknen und in Scheiben schneiden.

2 Weißen Spargel waschen und schälen. Grünen Spargel waschen und das untere Drittel schälen. Parmesan fein hobeln. Weißen Spargel in leicht gesalzenem Wasser 12–15 Minuten garen. Grünen Spargel nach 5–8 Minuten hinzufügen und mitgaren.

3 Inzwischen Olivenöl erhitzen und die Lachsfilets von beiden Seiten darin etwa 5 Minuten braten. Nach 4 Minuten die Limettenscheiben, Knoblauch und Pinienkerne hinzufügen und kurz mitbraten. Mit Petersilie, Salz und Pfeffer würzen.

4 Den Spargel auf Teller verteilen. Die Lachsfilets darauf anrichten und mit Parmesan bestreut servieren. Dazu schmecken Reis oder Baguette.

Toll für die Spargelzeit

FÜR BESONDERE ANLÄSSE

Fischcurry mit Koriander und Joghurt

Zubereitungszeit ca. 25 Minuten | plus Garzeit ca. 10 Minuten | fertig in ca. 35 Minuten
Aufwand mittel | pro Portion ca. 260 kcal/1092 kJ, 40 g E, 6 g F, 8 g KH

FÜR 4 PORTIONEN

750 g Heilbuttfilet
Saft von 1 Zitrone
2 Zwiebeln
1 Knoblauchzehe
1 El Butter
½ Bund frisch gehackter Koriander
1 Tl Kurkuma
2 Tl Curry
1 El Kokosmilch
6 Tomaten
150 g Joghurt
Salz
Pfeffer

1 Das Fischfilet waschen, trocken tupfen und in mundgerechte Stücke schneiden. Mit dem Zitronensaft beträufeln.

2 Die Zwiebeln und Knoblauchzehe schälen und fein hacken. Die Butter in einem Topf erhitzen und die Zwiebeln mit dem Knoblauch darin glasig schmoren. Den Koriander und die Gewürze sowie die Kokosmilch zu geben und 3 Minuten mitschmoren.

3 Die Tomaten waschen, trocknen, die Stielansätze entfernen, entkernen und halbieren. In den Topf geben. Alles weitere 5 Minuten schmoren. Den Joghurt unterrühren und erhitzen, aber nicht kochen, sonst gerinnt er.

4 Die Fischstücke in die Sauce geben und bei niedriger Hitze abgedeckt etwa 10 Minuten darin garen. Mit Salz und Pfeffer abschmecken. Dazu schmeckt Reis.

TIPP!!

Das Heilbuttfilet kann auch durch anderes festes weißes Fischfleisch ersetzt werden, z.B. durch Tilapia oder Rotbarsch.

FÜR BESONDERE ANLÄSSE

Rezeptverzeichnis A-Z

Affenfett 11

Backhendl, knuspriges 68
Bauernfrühstück 15
Bierfleisch 64
Bohnentopf mit Schweinefilet 89
Bratkartoffeln mit Speck 38

Cevapcici mit Tzaziki 74
Chicken Wings mit Käsedip 17
Chili con carne 77
Coq au vin 108

Eier in Senfsauce 13
Entenbrust mit Granatapfelsauce 113

Falscher Hase 57
Fischcurry mit Koriander und Joghurt 124
Fischfilet auf mexikanische Art 51
Fleischkäse mit Spiegelei und
   Bratkartoffeln 23
Frikadellen 73
Frittata mit Gemüse 26

Grünkohl mit Pinkel 70
Gulasch 61

Hackklopse, gefüllte 39
Hähnchnkeulen mit Oliven 102
Hamburger 78
Hot Dogs 16

Involtini 116

Jakobsmuscheln mit Speck 117

Kalbsleber, Berliner 44
Kasseler mit Kraut 65
Knoblauch-Scampi 119

Lachs auf Spargel, gebratener 123
Lachsfilet mit Kräuter-Senf-Kruste 49
Lammhaxen aus dem Ofen 62
Lammrückenfilet mit Bärlauchkruste 99
Linseneintopf mit Mettwürstchen 54

Maishähnchen mit Estragon-Senf-Sauce 106
Matjes mit Äpfeln 46
Möhren untereinander 45

Paprika mit Hackfleisch, gefüllte 86
Penne all'arrabbiata 32
Penne mit Tomaten-Thunfisch-Sauce 36
Pfeffergurkenfrühstück 12
Pizza Vesuvio 80
Putenröllchen mit Pesto 29

Rehsteak mit Feigen 98
Reibekuchen 20
Rindercarpaccio mit Sprossen 92
Rinderfilet mit Bohnen in Sherrysauce 100
Rinderrouladen mit Rotweinsauce 84
Rindersteaks mit frittierten Zwiebeln 40
Risotto mit Steinpilzen 96
Rührei mit Räucherlachs 10

Saltimbocca alla romana 114
Sardellenbrot, überbackenes 28
Saté-Spieße 110
Scampi in Tomatensauce 118
Schinkennudeln 30
Schlachtplatte 56
Schnibbelbohnen, rheinische 83
Schnitzel auf Toast mit Champignons 58
Schnitzel Caprese mit Mozzarella 42
Schweinesenfbraten 67
Seelachsfilet, paniertes 48
Seelachs mit Spinat, überbackener 50
Spaghetti aglio olio 31
Spaghetti Bolognese 95
Spaghetti mit Käsesauce 35
Spareribs mit Honig 60
Speckpfannkuchen mit Feldsalat 18
Strammer Max 24

Taco-Shells mit Hack-Bohnen-Füllung 41
Thai-Wok 105
Thunfischtoast 27
Tomaten mit Schafskäse, gebackene 21

Venusmuschel-Curry mit Auberginen 120

Wiener Schnitzel 93
Wurstsalat 25

Rezeptverzeichnis thematisch

PASTA, KARTOFFELN, PIZZA & CO.

Bratkartoffeln mit Speck	38
Penne all'arrabbiata	32
Penne mit Tomaten-Thunfisch-Sauce	36
Pizza Vesuvio	80
Reibekuchen	20
Risotto mit Steinpilzen	96
Sardellenbrot, überbackenes	28
Schinkennudeln	30
Spaghetti aglio olio	31
Spaghetti Bolognese	95
Spaghetti mit Käsesauce	35
Strammer Max	24
Taco-Shells mit Hack-Bohnen-Füllung	41
Thai-Wok	105

FLEISCH

Backhendl, knuspriges	68
Bierfleisch	64
Cevapcici mit Tzaziki	74
Chicken Wings mit Käsedip	17
Chili con carne	77
Coq au vin	108
Entenbrust mit Granatapfelsauce	113
Falscher Hase	57
Fleischkäse mit Spiegelei und Bratkartoffeln	23
Frikadellen	23
Gulasch	61
Hackklopse, gefüllte	39
Hähnchenkeulen mit Oliven	102
Hamburger	78
Hot Dogs	16
Involtini	116
Kalbsleber, Berliner	44
Kasseler mit Kraut	65
Lammhaxen aus dem Ofen	62
Lammrückenfilet mit Bärlauchkruste	99
Maishähnchen mit Estragon-Senf-Sauce	106
Putenröllchen mit Pesto	29
Rehsteak mit Feigen	98
Rindercarpaccio mit Sprossen	92
Rinderfilet mit Bohnen in Sherrysauce	100
Rinderrouladen mit Rotweinsauce	84
Rindersteaks mit frittierten Zwiebeln	40
Saltimbocca alla romana	114
Saté-Spieße	110
Schlachtplatte	56
Schnitzel auf Toast mit Champignons	58
Schnitzel Caprese mit Mozzarella	42
Schweinesenfbraten	67
Spareribs mit Honig	60
Wiener Schnitzel	93
Wurstsalat	25

FISCH & MEERESFRÜCHTE

Fischcurry mit Koriander und Joghurt	124
Fischfilet auf mexikanische Art	51
Jakobsmuscheln mit Speck	117
Knoblauch-Scampi	119
Lachs auf Spargel, gebratener	123
Lachsfilet mit Kräuter-Senf-Kruste	49
Matjes mit Äpfeln	46
Scampi in Tomatensauce	118
Seeklachsfilet, paniertes	48
Seelachs mit Spinat, überbackener	50
Thunfischtoast	27
Venusmuschel-Curry mit Auberginen	120

GEMÜSE & EI

Affenfett	11
Bauernfrühstück	15
Bohnentopf mit Schweinefilet	89
Eier in Senfsauce	13
Frittata mit Gemüse	26
Grünkohl mit Pinkel	70
Linseneintopf mit Mettwurstchen	65
Möhren untereinander	45
Paprika mit Hackfleisch, gefüllte	86
Pfeffergurkenfrühstück	12
Rührei mit Räucherlachs	10
Schnibbelbohnen, rheinische	83
Speckpfannkuchen mit Feldsalat	18
Tomaten mit Schafskäse, gebackene	21

REGISTER 127

ABKÜRZUNGEN
El = Esslöffel
cl = Zentiliter
g = Gramm
kcal = Kilokalorie
kg = Kilogramm
kJ = Kilojoule
l = Liter
ml = Milliliter
Msp. = Messerspitze
TK = Tiefkühlkost
Tl = Teelöffel

KÜCHENÜBLICHE MASSE
1 Teelöffel (Tl) = 5 ml
1 Esslöffel (El) = 15 ml
1 Tasse = 120 ml
1 cup (amerik. Tasse) = 240 ml
1 Suppenteller = 250 ml
1 Schnapsglas = 20 ml = 2 cl
1 Wasserglas = 200 ml
1 Tasse Grieß = 96 g
1 Tasse Haferflocken = 72 g
1 Tasse Mehl = 96 g
1 Tasse Reis = 96 g
1 Tasse Zucker = 100 g

BILDNACHWEIS
Studio Klaus Arras: Fotos S. 107, 115, 121
TLC Fotostudio: alle übrigen Fotos
Illustrationen: Fotolia.com/picsfive; René Wandelt